한국-말레이시아 교육·문화 교류

성균중국연구소 한국-아시아 문명교류사 16

한국-말레이시아 교육·문화 교류

1판1쇄 | 2015년 1월 20일

지은이 | 류승완, 김금현, 나스루딘 모함마드 아키르

펴낸이 | 박상훈
주간 | 정민용
편집장 | 안중철
편집 | 윤상훈, 이진실, 최미정, 장윤미(영업)

펴낸 곳 | 폴리테이아
등록 | 2002년 2월 19일 제300-2004-63호
주소 | 서울 마포구 독막로 23(합정동) 1층
전화 | 편집_02.739.9929 영업_02.722.9960 팩스_0505.333.9960

인쇄 | 천일_031.955.8083 제본 | 일진_031.908.1407

값 12,000원

ⓒ 류승완, 김금현, 나스루딘 모함마드 아키르, 2015
ISBN 978-89-92792-40-0 94300
     978-89-92792-35-6 세트

• 이 도서는 2010년도 정부재원(교육과학기술부 학술연구지원사업비)으로 한국학중앙연구원의 지원에 의하여 연구되었습니다.
  (AKS-2010-ACB-2101)

성균중국연구소 한국-아시아 문명교류사

16

한국-말레이시아 교육·문화 교류

류승완 · 김금현 · 나스루딘 모함마드 아키르 지음

폴리테이아

| 차례 |

제1장

서론
평화와 협력의 교류

한국과 말레이시아 두 국가 간의 문명 교류사적인 측면에서 볼 때, 외교 수교가 이루어진 1960년과 마하티르 총리에 의해 주도된 '동방정책'이 시행된 1982년은 역사적으로 중요한 의미를 갖는다. 이와 더불어 2010년과 2012년은 한국-말레이시아 교류의 발전사적 측면에서 교류의 발전과정 및 쇠퇴 그리고 확산기를 총체적으로 확인하고 평가해 볼 수 있다는 점에서 또 다른 중요한 의미를 갖는다. 즉, 1960년 최초로 두 정부가 외교 관계를 수립한 지 50년이 되는 2010년과, 1982년 시행됨으로써 ― 양국 간의 침체기를 맞았던 1970년대의 교류가 ― 정치, 외교, 경제, 문화, 교육 전반에 걸쳐 활발하고도 급속한 교류 발전을 가져온 마하티르 총리의 동방정책 30주년이 되는 2012년은 지난 반세기에 걸친 양 국가 교류 발전사에 중요한 변환점인 것이다.

현재 한국은 말레이시아의 무역 상대국 6위이며 말레이시아는 한국에 있어 수출국 7위를 점하고 있다. 경제 대상국으로서 중요한 파트너이자 경쟁국인 양 국가의 관계는 외교수립 당시인 1960년대와 1970년대에는 경제보다는 양국의 국내정치와 국제정세의 흐름에 의해, 1980년대 이후부터는 경제적 협력관계에 의해 부침을 겪는다. 오늘날 말레이시아는 과거 마하티르 전 총리가 부르짖었던, '동방정책'을 통해 즉, 한국, 일본, 대만과 같은 아시아 국가들로부터 국가 발전의 근간이 되는 국민교육, 국가 정신의 함양 그리고 사회 기반 시설 구축 등의 경험을 전수 받아 눈부신 발전을 이루었다. 이 가운데에서도 기술과 전문 지식을 전수받기 위해 한국을 포함한 여러 국가들에 보내졌던 말레이시아 유학생들은 이제는 중, 장년층이 되어 현재 정부 단체 혹은 기업체의 핵심적인 세력을 이루고 있다. 더욱이 지난 2010년은 한국과 말레이시아가 외교 관계를 맺은 지 50년이 되는 해로서 그 주체 세력의 교육을 담당했던 한국은 물론 이를 통해 경제적 발전을 이루게 된 말레이시아에게도 뜻 깊은 해이다. 또한 1990년대 말부터 불기 시작한 한류의 바람은 한국과 말레이시아의 문화 교류의 활발한 교류를 가져왔다. 다만 인근 동남아 국가들과는 달리 말레이시아의 한류는 느리게 그러나 연령과 계층 등에 상관없이 사회 전반에 걸쳐 확산되고 있는 것이 특징이다. 말레이시아가 말레이계, 중국계 그리고 인도계로 구성된 다민족, 다종교 그리고 다문화라는 국가적 특성에서 볼 때, 인종이나 종교 그리고 문화의 차원을 넘어선 한류의 확산은 여타 국가와는 대별되는 특징이기도 하다.

　　한국과 말레이시아의 교류 관계에서 그 한 획을 담당했던 교육은 최근에 들어 그 역현상을 보이고 있다. 즉, 많은 한국인들이 자녀들의 교육을 위해 이주해오면서 말레이시아는 한국의 해외 교육 대상국으로 자리 잡았다. 따라서 한국과 말레이시아 교육 교류의 역사 및 그 변화의 추이를 살펴보는 것은 앞으로 양국 간의 교류가 과연 어떻게 전개될 것이며 상호간의 발전을 위해 현실적이고 구체적인 제안할 수 있는 토대가 될 것이다. 또한 외국 이민자 2백만에 달하는 한국과 다인종, 다문화, 다종교 국가인 말레이시아와의 과거와 현재의 문화 교류 방식과 형태 그리고 변화의 역사를 살펴보고, 말레이시아에서 일기 시작한 한류란 문화가 다인종 국가인 말레이시아에 끼친 영향과 앞으로의 미래 추이를 가늠해 보고자 한다.

반세기가 넘어선 한국과 말레이시아 두 국가의 문화 및 교육 교류사는 다음과 같이 시대사적 변천에 의해 설명한다. 제2장에서는 한국과 말레이시아 관계에 대한 역사적 고찰을 다룬다. 한국과 말레이시아 간의 교육, 문화 교류는 외교 관계 수립을 시작으로 시작되는데, 이에 따라 두 국가의 외교 수립 전후를 기점으로 교류 관계를 설명한다. 공식적인 외교 관계 수립은 1960년 2월 23일로 기록되어 있으나 양국 간의 관계 시작은 1954년으로 거슬러 올라간다. 당시 한국은 한국전쟁으로 피폐한 상태에서 공산주의 정권과 대치 상태에 있었으며, 말레이시아는 1940년대부터 공산주의에 대한 반감이 큰 가운데 아직 영국 식민지하에 있었다. 따라서 양국 대표자의 공통적 관심은 공산주의에 대항하는 외교정책 우선이었고 쉽게 외교 관계 수립에 대한 의견을 나눌 수 있었다. 이런 두 국가 간의 외교 관계 수립을 위해 공헌한 양국의 관계자들의 노력과 관계 수립 후 관계 발전을 위한 과정과 노력들을 설명한다. 또한 외교 관계 수립 후, 한국과 말레이시아 간의 교류는 경제적, 문화적 교류 측면보다는 양 국가 간의 외교·안보가 우선시 된 정책적 교류였다. 따라서 1950년대부터 1980년대 초반까지는 문화, 교육 교류가 활발하지는 못했으나 명목상으로나마 혹은 미흡하지만 꾸준한 노력들이 있었음도 부정할 수 없다. 전체적으로 이런 관계 구도와 교류 활동들을 살펴본다.

제3장은 한국과 말레이시아 사이의 문화 교류를 역사적 시각에서 다룬다. 한국과 말레이시아 두 국가 간에 문화 교류가 처음 이루어진 것은 외교 수립 이전, 스포츠를 통한 교류였다. 스포츠 중에서도 축구와 하키가 문화 교류의 핵심 종목이었으며, 양국 간의 교류는 정기적으로 진행되었다. 이런 스포츠 주도의 문화 교류는 한국과 말레이시아 간의 외교 수립 이후에도 지속되었다. 그 예로 초대 주 말레이시아 한국대사가 말레이시아에 태권도 협회 결성에 결정적인 역할을 했고, 다음해인 1963년 쿠알라룸푸르에 있는 스타디움 느가라(Stadium Negara: 국립 경기장)에서 한국 태권도 공연을 개최한 것이 외교 수립 후 공식적인 문화 교류의 첫 장이다. 따라서 1960년대 이전을 문화 교류의 태동기로 보고, 이로써 시작된 양 국가 간의 문화 교류를 외교 관계 수립 후부터 1970년대까지를 발전기(1960~70년대)로 그리고 말레이시아가 북한과 외교 관계를 수립하면서 한국과의 관계가 소원해진 소강기(1970~79년대), 동방정책 실시 이후부터 한류의 시작 전까지의 확산기(1980~90년 후반), 그리고 한류로 인한 문화 교류의 대중화 시기(2000년대~현재)로 나누어 시대별 문화 교류를 설명한다. 그러나 동방 정책 실시 이후의 교류는 공무원 파견 연수, 기술 훈련 등의 교육 교류가 주로 이루어지기 때문에 문화 교류에 대해서는 간단히 다루고 교육 교류에서 집중적으로 다루도록 한다. 이와 마찬가지로 한국과 말레이시아의 문화 교류의 대중화기로 볼 수 있는 2000년대는 한류가 큰 영향력을

발휘한 시기였다. 따라서 대중화기에 대해 간략한 소개를 하고 한류의 영향을 다루는 제5장에서 문화와 교육의 대중화기를 다루도록 한다.

제4장은 한국과 말레이시아의 교육 교류를 다루는데, 양국 간의 전반적인 교육 교류를 다음과 같이 한국과 말레이시아를 구분하여 살펴본다. 다만 교육교류를 본격적으로 다루기에 앞서 말레이시아의 마하티르 전 총리의 동방정책에 대해서 간략히 언급한다. 그 이유는 교육과 문화 교류가 활성화되고 구체화된 근본적인 이유가 동방정책 실시 이후였기 때문이다. 마하티르 총리의 동방정책은 말레이시아 경제 발전에 한 획을 긋는 정책으로서 한국과의 무역 확대를 가져 온 정책이기도 했으나, 다른 한편으로는 한국과 말레이시아의 문화적, 교육적 교류의 물꼬를 튼 정책이기도 하다. 이에 교육 교류에 있어서의 동방정책의 의의와 교류 활동을 살펴본다. 앞서 언급했듯이, 동방정책 이후 말레이시아 공무원과 학생의 한국으로의 연수 및 유학이 정기적으로 활성화되는데, 이에 대한 한국에서의 말레이시아인의 교육을 다루고, 반대로 한국 유학생의 말레이시아로의 유학에 대한 교육 교류를 살펴보고자 한다. 아울러 한국에서의 말레이시아인의 교육은 연수 목적의 교육과 학문적 목적의 교육 교류를 심층적으로 다루고, 한국인의 말레이시아에서의 교육 교류는 대학 기관과 초·중·고 및 칼리지 과정의 교육 교류를 분리해 설명한다. 또한 현재 활발히 진행되고 있는 정부와 대학과의 공동 연구 교류도 설명한다.

제5장은 문화와 교육 교류에 있어서의 한류의 역할을 다룬다. 특히 한국의 대중문화와 교육 교류가 말레이시아 전반에 걸쳐 확산된 것은 2000년대 중반부터 불기 시작한 한류의 역할이 컸다. 드라마와 영화, 음악으로부터 시작된 한류의 영향은 말레이시아인들의 한국에 대

한 인식과 관심을 유도했고 이는 문화 교류의 대중화를 이끌어 냈다. 여기에서 반드시 살펴볼 사항은 비록 한류가 2000년대부터 불기 시작했으나 그 역할과 영향은 시대적으로 차이가 나는데, 이를 2000년대 초반부터 중반, 그리고 현재까지로 구분해 설명한다.

교육교류에 있어서도 그 양상이 다르게 나타나는데, 이전의 교육 교류가 말레이시아인의 한국 연수 유학이 그 주류였으나, 1990년대 중반부터는 한국인의 영어 교육에 대한 중요성이 강조되면서 말레이시아로의 유학 선호도가 높아졌다. 이는 한류로 인해 말레이시아 사회에서 한국 혹은 한국인에 대한 긍정적 인식과 관심이 확산되면서 말레이시아가 한국인이 선호하는 유학 대상국이 되는 데 일조했기 때문이다. 따라서 교육 교류에서 이런 한류의 영향과 역할을 제5장으로 구분해 설명한다. 일반적으로 한류가 양국 문화, 교육 교류의 확산과 양국 간 국민의 인식을 높이는 데 기여한 점은 부정할 수 없으나 그 반면 부정적인 면도 보여 주었다. 그 예로, 교류의 확산을 추구하면서 질적보다는 양적 혹은 과시적인 교류 행사가 빈번히 이루어짐으로써 오히려 부정적 영향이 확산되고 있다. 따라서 양 국가 간의 긍정적 교류의 확산을 위해 한류의 부정적 영향을 조사해 설명하고자 한다.

제2장

한국·말레이시아 관계에 대한 역사적 고찰

1. 들어가는 말

한국과 말레이시아가 공식적으로 수교를 맺은 것은 1960년 2월 23일이지만, 양국 간의 비공식적인 교류 문화, 체육, 인적자원 교류는 오래 전부터 다양한 분야에서 이루어져 왔다. 현재까지 밝혀진 자료에 따르면, 한국과 말레이시아 관계사적 측면에서 볼 때, 양국 간의 교류가 이루어졌다는 최초의 증거 자료는 말레이시아에서 발견되었으며, 1961년 끄다(Kedah) 주의 름바 부장(Lembah Bujang)에서 발굴된 고고학적 유물들이 발견됨으로써다. 당시 국립박물관 관장인 하지 무빈 쉐퍼드(Haji Mubin Sheppard)는 기자회견에서 언급하길 끄다 주의 름바 부장에서 1961년 발견된 청자는 11세기에 이미 말레이시아와 한국 간의 교류가 있었음을 증명하는 것이라고 밝혔다. 말라야대학교(University of

Malaya)의 램(H. A. Lamb) 박사의 통솔하에 발견된 11세기 청자는 한국에서 생산되는 청자와 유사한 문양을 갖고 있으며 말레이시아로 이주한 이주민에 의해 가져온 것으로 보인다. 하지 무빈에 따르면,

말레이시아에서 발견된 유물과 한국의 고려청자가 유사하다는 당시 현지 기사와 함께 실린 한국의 갓을 쓴 사람은 말레이시아인임.

> 11세기 한국의 상감청자는 뼁깔란 부장(Pengkalan Bujang, 혹은 름바 부장)에서 발견된 유물과 놀라울 정도로 흡사했다. …… 그러나 (양국 간의) 직접적인 접촉은 불가능했던 것으로 본다. 따라서 한국의 청자는 이주자들을 통해 일본으로 전파되었고, 일본으로부터 중국으로 그리고 말라야로 전달되었을 것이다.[1]

당시 말레이시아측의 공동연구 요청에 한국 박물관의 김채원 박사는 이에 동의하며, 그 유물이 한국으로 오는 즉시 조사에 착수할 것이라고 밝혔다. 이 발견에 대한 추가적인 연구의 선행과 최종결론에 대한 것은 실질적으로 밝혀지지 않았으나 어느 정도 간접적인 문화교류가 이루어지고 있었다는 좋은 예가 될 수 있다.

한국과 말레이시아 양국간의 관계사에 대해 보다 상세하고 통합적

1_"비슷한 유물이 한국에서 발견되다,"『말레이 메일』(1961/10/12).

인 안목으로 쓰여진 학술 저서는 나오지 않고 있다. 가장 큰 이유는 아마도 말레이어, 한국어 그리고 영어를 동시에 구사할 수 있는 연구자의 부족이 크게 작용을 하였다고 추측된다. 이러한 언어적 한계성은 한국과 말레이시아에 관련된 기초자료 습득의 어려움 그리고 자료분석의 불가능으로 연계되어 기초연구는 물론 비교, 종합적 연구를 계획하거나 수행하는 것을 어렵게 하고 있는 실정이다.

2. 외교 수립 이전의 한국과 말레이시아의 국내 및 외교정책

1957년 8월 31일 독립을 성취한 후, 말레이시아는 동남아시아 주변 국가들뿐만 아니라 호주, 영국, 인도, 파키스탄, 스리랑카와 같은 영연방 국가들 그리고 미국과 같은 영연방이 아닌 국가들과 외교 관계를 수립하기 시작했다. 말레이시아가 영연방에 속함으로써 영연방 국가, 특히 영국으로부터 외교, 교육, 무역, 경제 및 국방 등의 정부부처와 관료체계에 있어 전반적으로 영향을 크게 받은 것은 당연한 일이었다. 말레이시아는 당시 국제시장에서 크게 요구되고 있던 고무와 주석과 같은 천연자원이 풍부했다. 대다수 주요 정치 지도자들은 주로 서구에서 교육받은 자들로서 말레이시아의 외교정책은 당연히 영연방 국가들, 특히 영국 편향주의라 볼 수 있었다. 따라서 말레이시아의 외교정책 구상은 대부분 서구 자본주의 국가들과 연계한 상황과 패러다임에 의해 채택되었다.

반면, 북한, 중국 그리고 러시아와 같은 강력한 세 개의 공산주의 군사 권력 국가들과 인접한 지리·정치적 그리고 지리·정책적 환경의 한국은 국가 안보가 한국의 외교정책 수립에 가장 큰 영향을 끼쳤다. 한국은 경제 발전의 동력이 다른 국가들의 천연자원의 공급에 의해 크게 좌우되었고 경제적 성장 또한 이에 달렸기에 여타 국가들과의 친외교적 입장을 취할 수밖에 없었다. 1953년 한국전쟁의 종전과 함께, 한국은 힘과 세력의 확장은 군사적 요인보다는 경제적 성장에 있다는 것을 인식하게 되었다. 따라서 한국은 경제적 발전과 수출을 증진시키기 위해 총력을 기울였고, 산업 분야를 활성화하기 위해 천연자원을 필요로 했으며, 다른 국가들과의 우호적 관계, 특히 바로 근접한 이웃 국가들 및 아시아 지역 국가들과의 우호적 외교 동맹이 필수적이었다. 말레이시아는 동남아시아에서 고무, 주석, 철강과 같은 천연자원의 주요 수출국이었음으로 한국의 천연자원 수출국이 되었다.

냉전 시기 동안 한국전쟁(1950~53), 티베트 사태(1956~59), 말레이시아-인도네시아 국경분쟁(1959~62), 베트남 2차 전쟁(1960~75) 등 아시아에서 발생한 분쟁과 전쟁들은 한국의 대외 정책 수립에 영향을 끼쳤다. 냉전기에 주요 열강들은 자신들의 영향력을 강화하고자 했고, 외교정책 입안에서 정책 방향, 전략과 실행을 수행하는 데 조심해야 할 필요가 있었다. 국가가 살아남기 위해서 한국의 외교정책은 미국과의 외교 동맹 및 경제협력에 큰 역점을 두었다.

제2차 세계대전 후 아시아에서 공산주의 세력의 등장은 특히 신생 독립국가들에게 커다란 위협으로 대두되었다. 한국과 말레이시아는 모두 지하 군사 활동을 벌이는 공산주의에 의해 공통적으로 끊임없이 위협을 받고 있는 상황이었다. 말레이시아는 중국공산당(Chinese Communist

말라야 중국공산당 도열식

Party, CCP)에 의해 전폭적으로 지원을 받은 말라야 공산당(Parti Komunis Malaya, PMK) 등 국내 공산주의자들의 위협에 직면해 있었고, 한국은 북한으로부터 남파된 간첩 등의 정부 전복 세력들에 위협받고 있었다. 따라서 한국 정부는 말레이시아와 같은 반공산주의 국가들과 우호 관계를 맺고자 했다. 다른 한편, 미국은 동남아시아 조약 기구(Southeast Asian Treaty Organization, SEATO) 결성을 통해 공산주의의 진출을 막는 데 일조를 했으며, 이 기구의 견제력은 외부의 힘, 특히 공산주의의 무력 위협의 가능성으로부터 평화와 안전 유지에 공헌을 했다. 한국의 위치, 즉 북한과 중국 그리고 러시아와 접해 있는 근접성, 이와 마찬가지로 베트남 북부와 인도차이나에 접해 있는 말레이시아의 근접성으로 말미암아 양 국가는 인근 국가들의 공산주의 이데올로기로부터 위협을 받고 있는 상황이었다. 또한 미국과 방위조약을 맺은 한국, 그리고 자국의 방위를 위해 앵글로-말라얀 방위 협정(Anglo-Malayan Defense

Agreement, ADMA)과 같은 합의를 통해 영국과 다른 영연방 국가들에 의지하고 있는 말레이시아는 서로 비슷한 상황이었다. 이와 같은 국가 생존의 위협 속에서 한국과 말레이시아는 서서히 자국의 힘을 강화해 자기방어 능력을 구축해 나가고자 했다.

한국과 말레이시아 양국 관계를 구축하려는 최초의 노력은 한국전이 끝난 다음해이자 말레이시아 독립 3년 전인 1954년 초이다. 첫 시도는 1954년 한국의 이승만 대통령에 의해 이루어졌다. 당시 이승만 대통령은 말레이시아와 공통 관심사가 될 만한 몇 가지 현안들을 논의하기 위해 친선 사절단을 말레이시아로 보냈다. 1954년 3월 친선 사절단의 부회장 겸 재무 담당관[2]과 육군 소장인 최덕신은 뚠꾸 압둘 라흐만(Tunku Abdul Rahman) 총리와 말라야 중국인 연합 초대 회장인 탄쳉록(Tan Cheng Lok)을 만났다. 친선 사절단 이영복단장은 1954년 3월 6

<hr />

2_친선 사절단으로 온 'Young P. Lee'는 민족반공연맹(현재 자유총연맹의 전신)의 부회장 및 재무 담당을 겸임했다고 기록되어 있다. Young P. Lee의 이름은 한국과 말레이시아 양측에 보관되어 있는 자료가 전무해 확인할 수 없다. 『한국민족문화대백과사전』에 최덕신 소장(1914~89: 1956년 육군 중장 예편 후 주베트남 공사, 5·16군사 정변 후 1961년 10월부터 1963년 3월까지 외무부장관을 지냈다. 외무부장관 재임 중 1961년과 1962년 UN총회 한국 수석대표로 참석했으며 1986년 월북하여 조선천도교청우단 중앙위원장역임)이 1967년부터 제7대 천도교 교령을 오래 맡아 왔다고 기록되어 있는데, 당시 최덕신이 "천국의 길"이라는 종교 소개 책자를 탄쳉록 회장에게 전달한 점과 함께 동행한 Young P. Lee가 종교적으로 무관하지 않을 것이라는 점에서 볼 때, 천도교 최초 종법사를 맡은 이영복(1920년생)과 Young P. Lee는 동일 인물로 추정된다. 현재 생존해 있음을 확인 차 통화를 시도했으나 고령으로 인한 난청으로 부인을 통해 사실 확인을 했으나 기억력 감퇴로 인해 확인에 어려움이 있었다. 이영복 씨가 천도교 교령 및 종법사를 역임한 것과 최덕신 소장과의 종교적 상관성 및 연배가 비슷한 점을 감안할 때 동일 인물로 추정할 수 있다.

친선 사절단 단장이 탄쳉록 회장에게 보낸 서한으로 현존하는 최초의 공식적인 교류 확인 서
한이다.

일 귀국길에 앞서 싱가포르에서 탄 쳉록 회장에게 이승만 대통령의
1954년 4월 한국 방문 초청 수락에 대한 감사 편지를 보냈다.[3]

친선 사절단 단장은 서울에 도착한 후, 1954년 3월 18일자의 서한
을 통해 말레이시아 방문을 통해 받은 좋은 인상과 탄쳉록 회장의 방
한 일정에 대한 상세한 설명도 덧붙였다. 그는 서한에서 밝히기를,

3_한국과 말레이시아 교류사상 최초의 공식적인 접촉으로 기록되며, 서한이 작성된 것은
  싱가포르에서 3월 6일(토)로 목요일에 오찬 겸 회담을 가졌다는 것으로 보아 공식적 회담
  은 3월 4일(목) 말레이시아에서 있었던 것으로 추정된다.

말레이시아인들은 전체주의 세력에 대항하고 있는 자유와 안전을 갈망하는 강하고 정직한 사람들의 표상으로서 …… 공산주의에 맞서 인권과 정의를 구현하는 굳건한 의지를 보여 준 당신을 알게 된 것은 정말 고무적인 일입니다.[4]

또한 인간의 권리와 정의를 위해 공산주의에 대항해 투쟁함으로써 아시아에서 평화를 구축한 말레이시아의 지속적인 확고한 태도를 찬사했다. 이에 덧붙여 그는 아시아 국가들 간의 우호 관계와 상호 협력을 강화하기 위해 이승만 대통령이 1954년 4월에 개최될 회의에서 아시아 지도자들과 만날 것이라고 언급했다.[5]

한편 싱가포르에 머물던 최덕신도 탄쳉록에게 1954년 3월 6일 서한에서 말라카 방문 시 보여준 호의적인 환대에 대한 감사함을 전했다. 비록 이 편지에 탄쳉록 회장과의 회의 결과에 대한 것은 언급되어 있지 않으나, 최덕신은 "천국의 길"이라는 종교적 소개 책자를 같이 보냈다. 최덕신은 또한 탄쳉록 회장에게 조호에서 만난 뚠꾸 압둘 라흐만 총리와의 회의에 대해서도 언급하며 지속적인 연락을 부탁했다.

1954년 4월 3일, 동남아 친선 방문 시찰단 단장인 백낙준(Lak Geoon Paik) 박사는 탄쳉록 회장에게 편지를 보내 1954년 4월 26일부터 30일까지 열리는 회의 참석 결정에 대한 감사의 말과 함께 세계 자유화와 전체주의 국가들로부터의 위협을 저지하려는 말레이시아의

4_National Archives of Malaysia(말레이시아 국립문서보관소), 2006/0037899. (이하, 말레이시아 국립문서보관소로 표기.)

5_말레이시아 국립문서보관소, 2006/0037899.

노력을 치하했다.[6] 백낙준 박사에 따르면,

…… 이곳 한국에서 공산주의가 만행을 자행한 파괴는 물론 우방국과의 협력에 의해 재건하고 있는 한국의 모습을 볼 수 있을 겁니다. 또한 자유와 평화를 사랑하는 이들을 향해 지속적으로 군사 행위를 자행하는 공산주의자들의 파렴치한 자태를 분명히 보게 될 것입니다. 방문 시 비무장지대 방문을 계획하고 있으며, 이곳에서 앞서 말씀드린 공산주의자들의 실제 모습을 볼 수 있을 겁니다.[7]

앞서 언급했듯이, 독립 후 한국전쟁(1950.6~1953.7)을 통해 전쟁의 참혹함과 공산주의의 위협을 절실히 느낀 한국의 이승만 대통령 그리고 말라야연방 창설에 극렬히 반대하는 말라야 공산당의 1948년 6월의 무장봉기를 필두로 1960년대까지 이어지는 비상사태를 경험하고 있던 말레이시아의 뚠꾸 압둘 라흐만 총리에게는 공산주의에 대한 위기의식과 안보라는 공감대가 형성되었다. 이와 더불어 또 하나의 공감대는 공산주의 이데올로기 확산을 저지하기 위해서 조속히 국가 경제 발전을 이루어야 한다는 판단이었다.

6_말레이시아 국가문서보관소, 2006/0037900, 말레이시아 국가문서보관소에 따르면 백낙준 박사가 한국 민족반공연맹의 회장으로 기록되어 있다. 그러나 아시아민족반공연맹(The Asian People Anti-Communist League)이 1954년 6월 15일 경남 진해에서 결성된 것으로 볼 때, 실수로 기록된 것으로 보인다. 또한 유네스코에 보존된 백낙준 박사의 이력서에 따르면 1953~54년까지 동남아시아 친선 방문 시찰단 단장(Chief, Goodwill and Observation Mission from Korea to South East Asia)으로 되어 있다.

7_말레이시아 국립문서보관소, 2006/0037900.

일반적으로 국가가 빈곤하면 빈곤할수록 그리고 낙후될수록 그 국가의 하층계급 사람들은 경제적, 사회적 완전 평등이라는 공산주의 이데올로기에 쉽게 현혹되었다. 이러한 상황은 한국이나 말레이시아아가 처한 공통된 문제였다. 따라서 경제적 성장은 자유 시장과 민주주의를 유도하고 궁극적으로 공산주의를 거부하도록 하는 열쇠로 간주되었다. 이승만 대통령뿐만 아니라 이후 한국의 지도자들 모두는 만약 한국이 조속히 경제적 발전을 이룬다면 공산주의 이데올로기가 국민들에게 퍼지는 것을 막을 수 있을 것이라 판단했다. 말레이시아는 독립 전인 영국 지배 시기부터도 공산주의의 성장을 저지하기 위한 캠페인을 벌였다. 독립 후에는 군사력 사용 외에도, 공산주의 이데올로기에 현혹되지 않도록 정부의 펠다(말레이시아 연방 토지 개발위원회: Federal Land Development Authority: FELDA)와 같은 기구를 통한 다양한 토지 개발이 착수되었다. 따라서 한국과 말레이시아는 각각 공산주의 위협과 경제 발전이라는 대처 방안에 있어 같은 목적을 갖고 있었으며 서로 협력할 수 있는 동맹 국가가 필요했다.

1960년대 초, 런던 주재 한국 대사는 말레이시아 고등판무관에게 비망록을 보내 한국이 말레이시아와 외교 관계를 맺고 싶다는 의향을 전했다. 이에 따라 1960년 2월 23일 한국과 말레이시아는 공식적으로 외교 수교를 맺는다. 이로써 한국은 일본에 이어 두 번째로 말레이시아와 외교 관계를 수립한 동아시아 국가가 되었다.

양국 외교 관계 수립 서명 후, 1960년 2월 24일에 김동조 박사가 한국의 이승만 대통령의 특사로 말레이시아를 방문, 압둘 라흐만 말레이시아 국왕(Yang di-Pertuan Agong Tuanku Abdul Rahman: Supreme King of Malaysia)[8]을 접견했다. 이어 뚠꾸 압둘 라흐만 총리와 양 국가가 당

이승만 한국 초대 대통령

뚠꾸 압둘 라흐만 말레이시아 초대 총리

면한 문제들을 논의했고 공산주의와 식민주의를 규탄하는 공동 성명을 발표했다. 이외에도 김동조 특사와 뚠꾸 압둘 라흐만 총리는 경제적, 문화적 협력 강화뿐만 아니라 양 국가의 복지와 번영을 강화하기 위해 다양한 분야에서의 협력 강화에 동의했다.[9] 또한 이스마일 빈 압둘 라흐만 외무부장관과 함께 외교 관계 수립에 관한 세부적인 사항과 빠른 시일 내에 대사 파견을 위해 필요한 준비를 하기로 합의했다. 이로써 한국과 말레이시아 두 국가 간의 정치, 경제 및 사회, 문화 교류 활동이 시작되는 발판이 마련되었다.

8_느그리 슴빌란(Negeri Sembilan) 주의 술탄이며, 독립이후 첫 번째 국왕(1957. 8. 31~1960. 4. 1)으로 재위. 당시 뚠꾸 압둘 라흐만 총리와 공교롭게도 이름이 같음.

9_"Korean Envoy Calls for Closer Cooperation", *Strait Times*, 1990/02/24) 이후 『스트레이트 타임스』로 표기.

3. 외교 수립 이후 한국-말레이시아 관계

1960년 2월 23일 외교 수립 후 한국은 2년 뒤인 1962년 5월 말레이시아 수도인 쿠알라 룸푸르에 주말레이시아 한국 대사관을 개설했으며 최홍희 대사가 파견되었다. 최홍의 초대 한국 대사는 1년 뒤인 1963년 국립 경기장(Stadium Negara)에서 태권도 시범 경기를 주선했으며, 뚠꾸수상의 요청에 따라 말레이시아에 최초로 태권도 협회를 결성하도록 결정적 역할을 했다.[10] 말레이시아는 2년 후인 1964년 5월 서울에 말레이시아 대사관을 설치했다. 당시 양 국가가 처한 내부 사정과 주변 정세를 볼 때, 상호 호혜적인 판단의 결과로 볼 수 있다.

한국 대사관이 개설된 지 10개월이 지난 1962년 12월 31일, 한국과 말레이시아는 무역협정을 체결해 양국의 무역을 확대하였다. 그러나 한국의 산업화가 크게 이루어지지 않은 단계였으므로 교역량은 많지 않았다. 그러나 박정희 대통령이 주도한 산업화가 본격적으로 추진되면서 천연자원이 풍부한 말레이시아는 한국의 주요 교역 상대국이 된다.

한국과 말레이시아 관계 발전에 결정적인 역할을 한 세 가지 요인이 있다. 첫째, 공산주의와 절대 타협할 수 없다는 두 지도자와 국민 의식이다. 둘째는 스포츠로서 양국 간의 관계를 깊게 하고 공고히 하는

10_말레이시아 태권도협회 사무총장 샘슨 데이비드 마만(Samson David Maman)의 언급에 따르면 "1973년 국방부에서 특공 부대 요원들에게 태권도를 수련하도록 하여 한국에서 11명의 교관들을 파견했고, 1984년부터는 말레이시아 자체적으로 교관을 양성할 수 있었다."

최홍희 주말레이시아 한국 초대 대사(맨 오른쪽)와 무함마드 가잘리 샤피이 외무부 상임위원(Dato' Muhammad Ghazali Shafie: 오른쪽에서 두 번째)이 한국으로 떠나는 모하메드 이스마일 유소프(Dato' Mohamed Ismail Yusof: 맨 왼쪽) 주한 말레이시아 초대 대사를 배웅하고 있다.

데 큰 역할을 했다. 셋째, 종교적인 요인으로서 뚠꾸 수상은 한국의 소수 무슬림 사회에 깊은 관심을 보였다. 1959년 뚠꾸 수상은 한국 무슬림 지도자들을 만나 최초로 세워질 한국 이슬람 성원 건립 후원을 약속했다. 또한 한국 무슬림이 메카 성지순례를 할 수 있도록 경제적 후원을 했다. 뚠꾸 수상은 우바이둘라(S. O. K. Ubaidullah) 의원이 이끄는 14명의 선교단을 1961년 9월에 한국에 파견해, 선교 활동을 하도록 주선했다. 1962년 8월 서울 중앙 성원 건립에 재정적 후원을 보낸다.

공산주의의 위협은 한국과 말레이시아 외교수립 초창기에 있어 두 국가의 공통 문제였다. 이런 상황은 당시 세계 상황이 냉전 시기였기에 생소한 것은 아니었다. 말레이시아와 인도네시아 정세의 불안함에 한국도 그 위기에 대한 깊은 관심과 우려를 나타냈다. 1965년 1월 한

표 1 | 주 말레이시아 한국 대사(1962년~현재)

순서	이름	재임 기간
1대	최홍희	1962.4~1964.11
2대	최규하	1964.11~1967.10
3대	갈홍기	1967.10~1971.10
4대	김성용	1971.10~1975.2
5대	전상진	1975.2~1979.5
6대	최호중	1979.5~1983.3
7대	심기철	1983.3~1986.12
8대	손장래	1986.12~1990.2
9대	홍순영	1990.3~1992.2
10대	이상구	1992.4~1995.3
11대	정경일	1995.3~1997.9
12대	이병호	1997.10~2000.8
13대	이영민	2000.8~2003.8
14대	이영준	2003.8~2005.9
15대	손상하	2005.9~2007.9
16대	양봉열	2007.9~2010.8
17대	이용준	2010.9~2013.7
18대	조병제	2013.7~현재

국 국회 외교위원회 의장인 김동환은 말레이시아를 공식 방문해 말레이시아를 지지한다고 밝혔다. 김동환 의장이 밝히길,

우리 양국은 긴밀한 관계를 맺고 있으며 현재 우리 한국은 악화되어 가는 귀국의 상황에 깊은 관심을 가지고 있다. 비록 인도네시아가 유엔(UN)으로부터 탈퇴를 했지만, 말레이시아-인도네시아 간의 분쟁이 조속하고 평화로운 해결이 이루어지기를 희망하고 있다.[11]

1965년 1월 총무처의 이설재 총무처장과 계획조정실장인 조효원 박사가 말레이시아를 공식 방문해 부총리인 압둘 라작 후세인(Abdul Razak Hussein)뿐만 아니라 몇몇 정부 각료들을 만나 양국에 대한 현안들을 논의했다.[12] 이설재 총무처장은 또한 두 국가의 경제와 사회 부문에 있어 공무원 교환 프로그램을 운용하자고 제안했으며, 이와 더불어 동남아시아에서 공산주의를 저지하기 위한 두 가지 방법을 다음과 같이 제안했는데,

---

11_"Korea Concrened Over Situation , Says Seoul Envoy", 『말레이 메일』(1965/01/6).

12_"Korean Minister Calls on Kir", 『말레이 메일』(1965/01/26).

표 2 | 주한 한국 말레이시아 대사(1964년~현재)

순서	이름	재임 기간
1대	다또 모하메드 이스마일 빈 모하메드 유소프(Dato' Mohamed Ismail Bin Mohamed Yusof)	1994.5~1967.5
2대	바하둔 빈 하지 하싼(Bahadun Bin Haji Hassan)	1967.12~1968.7
3대	하쉼 빈 술탄(Hashim Bin Sultan)	1969.2~1970.3
4대	토 초 캇(Toh Chor Kaat)	1970.9~1974.10
5대	잭 데니스 드 실바(Jack Denis De Silva)	1974.11~1978.8
6대	누르 아들란 빈 야흐야웃딘(Noor Adlan Bin Yahyauddin)	1979.7~1981.12
7대	다또 압둘 마지드 빈 모하메드(Dato' Abdul Majid Bin Mohamed)	1982.7~1986.5
8대	앤토니 요 킷 샌(Anthony Yeo Keat Seng)	1986.5~1989.7
9대	닉 모하메드 빈 닉 하싼(Nik Mohamed Bin Nik Hassan)	1989.7~1991.12
10대	다또 세이드 아리프 세이드 파질라(Dato' Syed Arif Syed Fadzillah)	1992.5~1995.12
11대	다또 오마르딘 압두 와합(Dato' Omardin Abd. Wahab)	1996.3~1998.5
12대	다또 비라무투 요가린감(Dato' Vyramuthu Yogalingam)	1998.5~2003.6
13대	다또 샨타나나반(Dato' M. Santhananaban)	2003.8~2008.6
14대	다또 람란 빈 이브라힘(Dato' Ramlan Bin Ibrahim)	2009.2~2013.9
15대	다또 로하나 빈티 람리(Dato' Rohana Binti Ramli)	2013.9~현재

주: 말레이시아인 이름 앞에 있는 뚠꾸(Tunku), 다또(Dato') 등은 말레이시아 왕족 혹은 작위 이름이다. 호칭 체계에 대해서는 김금현(1998), "말레이시아의 호칭 체계" 참조.

한편으론 비공산주의 국가가 공산국가보다 더 발전된 경제를 건설할 수 있으며, 다른 한편으로는 민주주의하에 있는 사람들이 공산주의 하에 있는 사람들보다 더 낫다는 인식을 일깨우는 것을 보여 주는 것이다.[13]

1965년 4월 28일부터 시작된 10일간의 한국 공식 방문 동안 뚠꾸 압둘 라흐만 총리는 말레이시아와 한국은 국가 안전을 위협하는 적대적 국가와 인접해 있다는 동질적 문제에 직면해 있다고 언급했다.[14] 뚠

13_"Exchange Plan for Economic Social Workers Urged by S. Korean Minister", 『말레이 메일』(1965/01/29).

14_뚠꾸 압둘 라흐만 총리는 1965년 4얼 24일 도쿄에서 개최된 아시아축구연맹(Asian Football Confederation, AFC) 회의에 참석한 후 한국을 공식 방문했다. 당시 뚠꾸 압

꾸 압둘 라흐만 총리가 말하길,

말레이시아 국민들은 한국 국민들이 자신들의 독립을 성취, 유지하기 위해 보여 준 '용기와 인내'를 존경한다. 한국과 말레이시아는 반드시 각 주권을 수호하기 위한 투쟁에 있어 '같이 손잡아야 하고' …… 우리 말레이시아는 한국 국민들이 자신들의 어렵게 성취한 독립과 주권을 보호하기 위한 자신들의 군건한 결단력에 있어 보여 준 용기와 인내에 대한 최고의 존경심을 갖고 있다. 우리는 여러분의 업적이 쉽지 않았음을 잘 알고 있으며, 이는 바로 한국과 이웃한 국가가 비협조적이지 않음인데 이는 마치 우리 말레이시아의 이웃 국가가 우리에게 비협조적이지 않은 것과 같은 이유이다. 이런 이유로 인해 한국과 말레이시아는 앞으로 발생할 수도 있는 침략적 행위와 공산주의자들이 노리는 정부 전복과 같은 행위들을 막기 위해 많은 비용과 희생을 감수해야만 한다.[15]

뚠꾸 압둘 라흐만 총리와 정일권 국무총리와의 회담에서 뚠꾸 압둘 라흐만 총리는 양국의 관계에 대해 "양국은 동반자로서 같이 앞으로 나아갈 것이며 양국의 국기는 영원히 같이 휘날릴 것이다"라고 언급했다. 또한 이날 한국과 말레이시아 문화 협정을 맺었다. 뚠꾸 총리의 초청에 조만간에 답방하기로 동의했으며,[16] 뚠꾸 압둘 라흐만 총리

둘 라흐만 총리는 AFC의 회장이었다. "Tengku will Visit Seoul in April", 『말레이 메일』(1965/02/17).

15_"Malaysia, S.Korea Must be United'", 『말레이 메일』(1965/04/28).

16_"Chung is Coming" 『말레이 메일』(1965/04/28).

뚠꾸 압둘 라흐만 총리가 청와대에서 박정희 대통령과 회담을 가짐, 1965년 4월

는 박정희 대통령과도 회의를 가졌다.[17]

이런 뚠꾸 압둘 라흐만 말레이시아 총리의 최초 방한 이후 박정희 대통령은 답방 형식으로 1966년 2월 말레이시아를 공식 방문했다. 박정희 대통령이 방문시 행한 연설문 및 공동성명서 그리고 말레이시아 총리의 방한시의 연설문과 공동 성명서를 살펴보면 양국 모두 베트남에서의 자유민주주의 체제 수호 그리고 공산주의 팽창 저지에 대해 공동의 목적의식을 공유하고 있으며 또 이를 위해 협력하고자 노력했음을 알 수 있다. 또한 당시 양국 관계는 경제나 사회, 문화 교류보다도

17_"Seoul Plans Big Welcome for Tunku", 『말레이 메일』(1965/03/18).

박정희 대통령 환영 답사: 왼쪽부터 말레이시아 왕비 뗑꾸 인딴 자하라, 술딴 이스마일 나시룻딘 샤 국왕, 육영수 여사

군사 안보 우선 정책이라는 견지에서 볼 때, 고위 정치(High Politics)의 성격과 구조를 갖고 있었다고 평가할 수 있다.

4. 맺는말

이데올로기의 대립이라는 혼란한 국제 정세 속에서 한국과 말레이시아 두 국가는 모두 국내 정세적으로도 심각한 위협에 처해 있었다. 한국은 일제강점기 속에서 정신적, 경제적 수탈에서 벗어난 지 5년도 되지 않아 한국전쟁을 겪었고, 말레이시아는 영국 식민 지배하에 있는 정부조차 이 정부를 전복시키려 하는 끊임없는 공산당과의 대결 구도에 있었다. 비록 독립 시기와 전쟁이라는 국내 정치의 소용돌이가 정확하게 같지는 않으나 두 국가가 모두 식민 지배를 받았다는 점과 공산주의 이데올로기의 심각한 도전에 직면해 있었다는 공통분모를 가지고 있었다. 따라서 대내외적인 난국을 극복할 한 방편이 우방을 구하는 것이었다.

1954년 한국의 친선 사절단이 싱가포르를 경유 말레이시아를 방문한 것이 교류의 첫걸음이었다. 비록 외교 관계가 수립되지 않았음에도 불구하고 민간 차원의 교류가 이루어지는데, 이 기간 문화 교류는 스포츠를 통한 교류가 주류를 이루었으며 교육 교류는 소수의 학생 교환과 종교 교육을 위한 교류라는 특징을 갖는다.

이후 1960년 2월 23일 외교문서에 양 국가가 서명을 함으로써 동반자로서의 관계가 시작되었다. 1962년 말레이시아의 수도 쿠알라 룸푸르에 한국 대사관이 개설되고 2년 뒤인 1964년에는 서울에 말레이시아 대사관이 설치되었다. 이에 따라 1965년과 1966년 양 국가의 수장인 총리와 대통령이 공식 방문 및 답방의 형식으로 서로 방문해 보다 정식적인 교류의 길을 넓혀 나가게 되었다.

제3장

한국·말레이시아 문화 교류

1. 들어가는 말

한국과 말레이시아의 외교 관계 초기에는, 양국 모두 여러 가지 국내 문제들에 직면해 있었기 때문에 문화 교류가 기대치에 못 미치는 수준이었다. 냉전으로 인해 한국, 말레이시아와 같은 제3세계 국가들은 자국의 외교정책을 수립하는 데 어려운 시간을 겪고 있었다. 그렇지만 양국의 이데올로기적 현안들의 동질성은 평화, 안정 그리고 번영을 위해 보다 밀접한 공조 체제를 구축하도록 했다. 따라서 각자 자국의 사회 발전과 안정에 집중함과 동시에 한국과 말레이시아는 양국 국민 간의 관계 증진에도 함께 노력했다. 국민과 국민 간의 상호 교류는 사회·문화 관계를 강화시키기 위한 효과적인 방안이다. 한국과 말레이시아는 모든 분야에 있어 이해 증진에 성공적으로 일조한 상호 교류를 통해 서로 간에 많은 이득을 얻을 수 있었나.

2. 한국과 말레이시아 간의 문화 교류

1) 태동기(1954~60년)

사업, 문화, 교육, 종교적 목적으로 한국인이 말레이시아를, 그리고 말레이시아인이 한국을 방문한 기록이나 통계 등의 자료가 전무하기에 이에 대한 평가를 내리기에는 무리가 있다. 다만 비록 양 국가 간의 외교 관계가 없음에도 불구하고 스포츠, 종교를 통한 문화 교류와 초기 단계의 교육 교류가 이루어졌다는 점은 주지할 만하다. 결론적으로 외교 관계 수립 전, 한국-말레이시아의 사회·문화 교류에서 두드러진 점이라면 양국 정상들에 의해 강력한 지지를 받은 스포츠를 통한 교류였다.

1954년 한국 친선 사절단의 말레이시아 방문 및 말레이시아 고위 인사의 한국으로의 방문 초청 등을 제외하고는 1958년까지 한국이나 말레이시아에서 교류 활동이 있었다는 자료는 없다. 그러나 1953년 싱가포르에서 개최된 동남아 축구 대회에서 한국 팀과 말레이시아 팀이 두 차례 경기를 가졌다[18]는 사실에서 간접적인 교류가 있었음을 알

18_한국과 말레이시아는 1953년 4월 13일(3 : 2 한국 승)과 16일(0 : 0 비김)에 경기를 가졌다.

수 있다. 이와 더불어 1959년에는 한국노동조합연맹 간부 5명이 말레이시아 노동연합의회(Malaysia Trade Union Congress)를 방문해 사무총장인 뚜힌 무커지(Tuhin Mukerjie)를 만나고 회의를 가지기도 했다.[19]

(1) 스포츠

한국과 말레이시아가 외교 관계를 시작하기 전 한국-말레이시아 국민과 국민 간의 상호 교류를 증진한 것이 축구였다. 이는 말레이시아 뚠꾸 압둘 라흐만 총리가 개인적으로 열광적인 축구팬이었으며, 말레이시아축구연맹(Football Association of Malaysia, FAM)의 회장이자 아시아 축구 연합 회장인 것과 밀접한 관계가 있다.[20] 1950년 초부터 한국과 말레이시아는 많은 축구 경기를 주최해 왔다. 이런 스포츠를 통한 국민과 국민 간의 상호 교류는 말레이시아와 한국을 포함한 다른 아시아 국가들 간에 연대감을 가지게 했는데, 뚠꾸 압둘 라흐만 총리에 따르면,

우리는 우리의 시간을, 아시아인들을 위한 축구에 헌신할 것을 맹세한 사람들입니다. 그리고 우리가 큰일을 할 수 있을 기회는 많지 않겠지만 최소한 서로에 대해 잘 알 수는 있을 것입니다. …… 또한 우리의 어린 학생들이 서로 경기하는 것을 보고 싶습니다. 게임을 향상시키도록 독려하는 것 외에도 이런 경기를 통해서 학생들이 여러 아시아 국가들이 어떻게 사는지에 대해 알게 되

19_"Unions here are The Best in Asia", 『말레이 메일』(1959/05/14).

20_"Tengku drops in at Camp", 『말레이 메일』(1959/04/21).

고 또 다른 나라의 학생들과 친선 및 우정을 돈독히 할 수 있도록 하고 싶습니다. …… 본인은 제 자신이 스포츠맨이라고 생각하기 때문에 정치가가 될 수 있었다고 생각합니다. 또한 아시아에 있는 다른 모든 정치가들이 스포츠맨이라면 본인은 우리들 간에 서로 아시아인들을 위해 많은 일들, 즉 스포츠를 위해 많은 일들을 할 수 있을 것이라 확신합니다.[21]

(2) 독립 기념 축구 페스티벌: 머르데까 배 축구 대회

1957년 영국으로부터의 독립을 기념해 개최하기 시작한 머르데까 (Merdeka) 배 축구 대회에 한국은 1958년부터 참가하기 시작했다. 첫 참가에도 불구하고 머르데까 대회가 폐막한 후, 한국은 말레이시아 팀들과 친선 경기를 가졌다. 당시 한국 대표팀으로 참가했던 서울 축구 클럽(단장, 위해덕)은 말레이시아 6개 지역 팀들과 원정 경기를 가졌는데, 첫 경기인 슬랑오르(Selangor) 주 팀과의 경기에서 7 대 0으로 크게 이긴 후,[22] 말레이시아 대표팀, 말라야연방 학교 연합팀(Federation of Malaya Combined Schools)과 연속적으로 경기를 가지기도 했다.[23] 말라야연방 학교 연합팀과 머르데까 경기장에서 가진 친선 경기에는 뚠꾸 압둘 라흐만 총리, 싱가포르 주장관[24] 그리고 정부 각료들이 참관한 이

21_1958년 9월 1일 쿠알라 룸푸르에서 개최된 연맹 컨퍼런스에서 총리이자 아시아 축구연맹 회장의 연설. 말레이시아 국립문서보관소, TAR 1:9:58, pp 70-73.

22_"Koreans Dazzle in Debut Here, 7-0 Trouncing for Selangor", 『말레이 메일』(1958/10/03).

23_"Boy's Team to meet Seoul FC", 『말레이 메일』(1958/10/07).

머르데까 컵에 참가한 한국팀의 입장 모습

경기에서 한국 팀이 말라야연방 학교 연합팀을 크게 이기고(5 : 0) 말레이시아 원정 경기에서 무패를 기록했다.[25]

　말레이시아 청소년 선수인 후 우체(Hoo Woo Chye) 선수가 경기 중에 한국 수비수와 부딪혀 광대뼈가 부러지는 사고가 발생했는데, 위해덕 단장이 한국 팀의 모든 선수들을 데리고 병원에 입원한 후우체 선수를 방문함으로써 두 축구팀 간의 우애를 다지는 계기가 되었고,[26] 좋은 경기력은 물론 스포츠맨십을 보여 준 한국 팀에 대한 찬사를 보내

24_당시는 싱가포르가 말라야연방에 포함되어 있었다.

25_"Korean Team keep unbeaten Record", 『말레이 메일』(1958/10/17).

26_"Sporting Koreans: Team Visits Injured Boy Player in Hospital", 『말레이 메일』(1958/10/16).

며 말레이시아 국민에게 좋은 인상을 남기는 계기가 되었다.

1959년 머르데까 축구 페스티벌에 한국을 포함한 6개 국가 팀이 참가했으며, 총 9개국이 참가한 1960년에는[27] 말레이시아와 한국이 결승전에서 만나 추가 시간까지 점수가 나지 않자 공동 우승을 함께 누렸다.[28] 5명의 대학생이 선수로 뛰고 있는 한국 국가 대표 팀은 말레이시아 주 대표 팀들과 경기를 가졌으며 페낭(Penang) 주 대표 팀에게 승리하고 페락(Perak) 주 대표 팀과의 친선 경기에서 1 대 2로 패하기도 했으며[29] 이후 슬랑오르 주 대표 팀과도 경기를 가졌다.[30]

(3) 아시아 청소년 축구 대회[31]

말레이시아에서 처음으로 주최한 아시아 청소년 축구 경기는 1959년부터 시작되었으며, 필리핀, 홍콩, 일본, 한국, 말레이시아, 미얀마, 싱가포르, 스리랑카 그리고 태국 등 총 9개 아시아 국가가 초청

27_9개국은 한국, 남부 베트남, 인도네시아, 홍콩, 말레이시아, 파키스탄, 태국 그리고 일본이다. "Malaya and Koean Seeded for M-Soccer", 『스트레이트 타임스』(1960/07/29). Record Crowd at Merdeka Soccer Fina

28_"Malaya & Korea Share The Cup", 『스트레이트 타임스』(1960/08/15); "Record Crowd at Merdeka Soccer Final", 『스트레이트 타임스』(1960/08/16). 1957년부터 시작된 머르데까배에 한국팀은 총 11회 우승(1960(공동), 1965(공동), 1967(공동), 1970, 1972, 1975, 1977, 1978, 1979(공동), 1984, 1985)을 했으며 말레이시아 또한 11회 우승(2회 공동우승)를 기록했다.

29_"Top-form Perak Shock the Koreans", 『스트레이트 타임스』(1960/08/20).

30_"Selangor to Meet Korea on Sunday", 『말레이 메일』(1960/08/19).

31_현재 AFC U-19챔피언십으로 개칭된다.

되어 라흐만 골드컵(Rahman Gold Cup) 쟁탈전[32]을 벌였다. 개막식 연설에서 뚠꾸 압둘 라흐만 총리는, 이 경기는 아시아 축구 수준 향상과 아시아 국가 간의 친선 도모와 결속력을 높이기 위한 것이라 말하며 다음과 같이 개막 연설을 했다.

아마도 오늘 저보다도 흥분되고 기쁜 사람은 없을 겁니다. 그것은 바로 오늘 제 꿈이 실현되었기 때문입니다. 아시아축구연맹, 말레이시아축구연맹 그리고 오늘 이 자리에 참석한 아시아 국가 대표단 여러분들이 그 꿈을 이룰 수 있게 했습니다. 오랫동안 우리 말레이시아가 첫 번째 아시아 청소년 컵 경기를 개최하기를 고대해 왔습니다. 이제 이 경기가 시작되어 어린 선수들과 성인들이 함께 즐길 수 있는 축구를 위한 진정한 축제가 될 것입니다. 국가의 수장들(Statesmen)은 우방 국가와의 조약을 염두에 두는 반면 스포츠맨들(Sportsmen)은 사람들과 함께 할 스포츠를 생각합니다. 본인에게는 이 두 가지의 생각을 같이 해왔습니다. 우리는 지금부터 확신을 가지고 오늘 학생들 간에 시작한 이 경기를 통해 아시아인들의 결속력이 시작됨을 진심으로 고대합니다.[33]

한국 대표 팀은 대학교 학부생 출신 선수 18명으로 구성되어 있으며, FIFA에 등록된 심판을 보내 왔는데, 이 심판에 대한 모든 경비는 한국축구협회가 부담했다. 한국 팀은 준결승전에서 싱가포르에 4 대 1

32_한국에는 라흐만(라흐만 총리의 이름에서 비롯됨) 컵으로 알려져 있으며 우승컵의 제작 비용이 1만 달러나 되는 금으로 도금 처리되어 있어 비롯된 이름이다. 한국의 경향신문 에서도 아시아 청소년 대회에 대하여 자세히 소개했다. 『경향신문』(1962/09/21).

33_"The Soccer Way to Bind Asians", 『말레이 메일』(1959/04/20).

로 승리하고 결승전에서 말레이시아와 맞붙게 되었는데, 마지막 순간
에 골을 넣음으로써 한국 팀이 2 대 1로 우승을 차지했다.[34] 한국 대표
팀은 아시아 청소년 축구 토너먼트에 참가한 후, 느그리 슴빌란(Negeri
Sembilan) 주를 비롯한 다른 말레이시아 주의 대표 팀들과 친선경기를
가졌다.[35]

　(4) 하키

　축구 외에도 한국과 말레이시아는 1958년 도쿄에서 개최된 아시
안 게임의 하키 대회에도 참가를 했으며,[36] 한국 대표팀은 국제 필드하
키 스포츠 종목에 있어 신생팀임에도 불구하고 3위를 차지하였다. 이
러한 한국팀의 성장을 지켜본 말레이시아 하키연맹은 한국대표팀을
초청 1960년 1월에 말레이시아와 친선경기를 갖기로 주선했다.[37] 비
록 하키가 한국과 말레이시아에서 축구, 배드민턴 다음으로 세 번째
인기 있는 종목이지만 두 국가는 공동으로 대회를 주최함으로써 하키
를 대중화시키기 위해 한 걸음 더 나아가고자 했다.[38] 1960년 1월 한국
하키 팀은 원래 느그리 슴빌란[39] 그리고 뻬락 주[40]와 같은 말레이시아

34_"Korea's Moment of Triumph", 『말레이 메일』(1959/04/27), "Korea were the
　　Worthy Winners", 『말레이 메일』(1959/04/27).

35_"Korea Beat Negeri 4-2", 『말레이 메일』(1959/04/30).

36_말레이시아 한국에게 3-2로 짐. "Malaya and Korea Play First Match", 『말레이 메일』
　　(1958/05/15).

37_"Korea, NZ want to play with Malaysia", 『말레이 메일』(1959/08/25).

38_"Korean Hockey Team to Tour Malaya in Feb", 『말레이 메일』(1959/12/02).

각 주의 대표 팀들과 경기를 하기로 계획되어 있었지만, 두 경기를 추가 페낭과 싱가포르와도 경기를 갖기로 결정했다.[41] 첫 경기에서 말레이시아가 한국에게 3 대 2로 승리했으며 두 번째 경기에서도 4 대 0으로 승리하는 등 1958년 도쿄 아시안 게임에서 한국에게 2 대 3으로 패한 것을 만회했다.[42]

한국 하키 팀의 참가는 그 자체로서도 의미가 있었으나, 당시 백용기(Paik Yong Ki) 한국 팀 단장이 말레이시아가 아시아 하키 연맹을 창설하는 것이 좋겠다는 제안을 함으로써 그 가치가 더욱 있었다. 백용기 감독은 아시아 국가들을 위한 하키연맹 없이는 아시아 선수들이나 팀들의 복지를 보장받을 수 없다고 판단했다. 그에 따르면, 아시아 국가들 간에 친선경기를 주최하는 국가나 올림픽에 나갈 아시아 대표국 선발에 대한 결정은 항상 서구 국가들에 의해 좌지우지되었다. 이는 현재 규정과 규칙이 아시아 국가들이 올림픽에서 경기를 하는 데 어렵게 하기 때문인데, 백용기 감독이 주장하기를,

우리는 신생 하키 국가이며 선수들 대부분이 학생, 전문대, 대학생들로 아직 배울 것이 많다. 그러나 우리는 빠르게 팀 구성을 갖추고 있으며, 우리 선수들이 이번 투어(원정 경기)를 통해 배운 것들을 빨리 습득하기를 기대하고 있다.

39_느그리 슴빌란 주 대표팀 한국팀을 상대해 4 : 3으로 승리했다. "Korean Fight Back but NS Triump", 『말레이 메일』(1960/01/27).

40_"Koreans To Play 8 Matches in Malaya", 『말레이 메일』(1960/01/04).

41_"Two More Matches For The Koreans", 『말레이 메일』(1960/01/27).

42_"Koreans will Be Harder to Beat Today", 『스트레이트 타임스』(1960/02/02).

현재 우리는 친선경기를 위해 여기에 왔다. 이 경기가 매년 열리는 아시아 챔피언십(전)의 선구자적인 경기가 되기를 희망한다. …… 아시아 국가들은 오직 한 번의 메이저 게임 즉, 아시아 국가간의 대회는 단 한번밖에 없다. 만약 아시아 국가들이 더 높은 수준의 경기를 유지하려면 우리는 더 많은 경기를 가져야 할 것이다.[43]

백용기 감독의 제안에 따라 말레이시아는 아시아하키연맹 결성을 위해 노력하기 시작했으며, 말라야하키연맹의 회장이기도 한 압둘 라작 후세인(Abdul Razak Hussein) 부총리는 이를 강력히 지지하며 다음과 같이 제안 및 선언했다.

말레이시아 하키 연맹은 하키를 위한 아시아 단체 구성을 강력하게 지지하며 조속한 결성을 위해 가능한 모든 일을 할 것이다. 아시아 기구 결성에 대한 아이디어는 1958년 제3회 도쿄 아시안 게임 개최시 처음으로 구상되었으며, 당시 인도, 파키스탄, 일본, 한국 그리고 말레이시아 대표들 간에 예비(임시) 토론이 개최되었다. 일본이 정관 문안 작성을 요구받아 이를 각 대표들에게 전달했고, 그 후 모든 아시아 국가 대표들 회의를 소집했다. 이미 아시아 축구, 배드민턴과 농구를 위한 관리 기구가 존재하고 있으며, 하키를 위한 기구를 구성하는 것은 필연적인 일이다. 세계 하키 챔피언들이 아시아에 있으며(인도가 1956년 멜버른 올림픽에서 금메달을 땄다), 아시아 국가들이 세계 하키에 발언권을 갖는 것은 지극히 당연한 일이다.[44]

43_ "Form Asian Body Call by Koreans", 『스트레이트 타임스』(1960/02/08).

(5) 아시아 영화제

영화산업에 있어, 1953년 동남아시아 영화제작자연합의 결성은 1954년 도쿄에서의 최초 아시아영화제 개최에 시너지 효과를 주었다.[45] 1959년 말레이시아는 제6회 아시아 영화제 주최국으로 선출되었고 한국은 4월 4일부터 8일까지 열리는 이 영화제에 3편의 영화[46]를 출품해 다른 영화들과 겨루었다. 한국은 여타 아시아 국가들과 마찬가지로 2명의 남자 배우와 5명의 여자 배우 그리고 2명의 국제 영화 심사 위원으로 구성된 대표들을 보냈다. 한국에서 출품한 3편의 영화들은 〈자유결혼〉, 〈꿈 많은 남자〉 그리고 〈사랑하기 때문에〉였다.[47]

44_"Razak Back on Hockey Body", 『스트레이트 타임스』(1960/02/10).

45_일본의 다이에이(Daiei) 주식회사의 마사이치 나가타(Masaichi Nagata) 사장이 아시아에서의 영화제작자연합 결성과 연례 영화 페스티벌을 개최하는 아이디어를 내놓자 나가타 사장과 절친한 런 런 경(Sir Run Run)이 이를 적극 지지했다. 결국, 1953년 마닐라에서 일본, 대만, 홍콩, 인도네시아, 동남아시아, 말라야, 필리핀 그리고 태국을 회원국으로 하는 영화 제작사 연합이 출범되었다. 제1회 아시아 필름 페스티벌은 1954년 5월 도쿄에서 개최되었다. 11편의 영화와 10편의 비드라마 필름이 출품되었다. 금상은 일본 작품인 콘지키 야샤(Konjiki Yasha)가, 은상은 태국 영화인 산테 비너스(Sante Venus)가 뽑혔다.

46_출품된 3편의 한국 영화, 〈자유 결혼〉은 한국 결혼 풍습에 대해, 〈꿈 많은 남자〉는 코미디 작품이고, 〈사랑하기 때문에〉는 사랑에 관한 영화이다. "Koreans Leave for Malaysia", 『말레이 메일』(1959/04/03).

47_한국 교육부는 영화 제작사 연합을 승인하고 두 명의 남자 배우와 5명의 여자 배우 그리고 2명의 국제 영화 심사 위원 외에도 18명의 대표들을 쿠알라 룸푸르에 보냈다. "Korean will be at Film Show in KL", 『말레이 메일』(1959/04/03), "Korean Film Stars Arrive in KL", 『말레이 메일』(1959/04/04).

2) 발전기(1960~70년대)

외교 관계가 맺어짐으로써 양 국가의 관계는 더욱 공고해지고 교
류 또한 더욱 활발해지게 되었다. 이전까지의 교류가 주로 스포츠와
영화제 참가 등을 통한 교류로 한정되었던 것이 차츰 다양화되기 시작
했다. 이런 배경으로는 한국과 말레이시아 정부의 지도자 및 국왕 등
의 국빈 방문이 큰 역할을 하였다. 1960년 문화 교류가 활발해졌지만
한국의 국내 정치적 변동으로 인한 사절단 파견이 시도되기도 했다.
즉, 박정희정부가 들어선 이후인 1961년 최덕신(Choi Duk Shin) 인도
네시아 주재 한국 대사, 고려대학교 김준엽(Kim Zun Yup) 교수, 조남
철(Cho Nam Chul) 해병대 중령 그리고 외무부의 김동훈(Kim Dong
Hun) 아시아국 부국장으로 구성된 네 명의 사절단이 친선 방문하여 박
정희 정부가 등장하게 된 배경을 설명하며 현 한국이 처한 상황에 대
해 설명했다. 최덕신 주 인도네시아 한국 대사는 현지 신문에서 밝히
기를,

현재 한국에서 발생한 정부의 해산은 한국의 민주적 원칙들을 영원히 파괴한
다는 것은 아니다. 현재 정부 지도자들과 국민들은 입헌 시민 정부를 구성하
기로 결정했다.[48]

48_"4 Koreans on Goodwill Mission", 『스트레이트 타임스』(1961/07/25). 『스트레이트
타임스』는 한국 대사를 인도네시아 주재 대사로 소개한 반면, 『말레이 메일』은 남부 베
트남 주재 한국 대사로 소개했다.

1969년 말레이시아 이스마일 나시룻딘 샤 국왕의 한국 국빈 방문: 한국과 말레이시아는 이 날을 기념하기 위해 최초로 기념우표를 제작했는데, 이 사진과 똑같이 박정희 대통령과 국왕의 사진 그리고 양 국가의 국기가 들어가게 디자인했다.

4명의 사절단은 모하마드 키르 조하리(Mohamad Khir Johari) 무역·산업장관과 면담했으며, 그 후 뚠꾸 압둘 라흐만 총리의 오찬 초청을 받았다. 최덕신 대사는 말레이시아가 추진하고 있는 농촌 개발 프로그램은 공산주의자들의 활동을 저지시키기 위한 긍정적인 노력이라 평가하며, 한국도 경제적 발전을 이루기 위해 최대한의 노력을 할 것이라고 언급했다.

한국 역사상 정치적 변화기의 한 획을 긋는 1961년 5·16 혁명(군사정변) 전후, 비록 국내 정세가 어수선했음에도 한국이 문화 교류단을 파견했던 것은 특이할 만한 사항으로 간주될 수 있다. 말레이시아 대사관이 한국에 개설된 1964년, 양 국가 간의 문화 협정이 맺어졌지만 이를 활성화시키기 위한 노력이 필요했다. 그 첫 번째의 노력을 말레이시아 측에서 시도한바, 인체 모하메드 키르 조하리(Inche Mohamed Khir Johari) 말레이시아 교육부장관은 한국과 문화 협정이 맺어진 지 2년이나 지났지만 현실적인 문화 교류 활성화 방안에 대한 노력이 필요하다고 강조하며,[49] 한국에서 개최하는 아시아 외무부 장관 회의에 참석 후 한국의 교육부 및 정부 관계자들과 진지하게 논의하고 싶다고 의사를 타진하기도 했다. 한국 측 또한 말레이시아에 의료단과 예술단 그리고 스포츠 교류를 위한 여러 종목의 선수단을 보냄으로써 교류의 활성화를 위해 애썼다. 또한 아시아태평양각료이사회(Asia and Pacific Council, ASPAC)의 사회문화센터 강병규 사무국장은 문화 교류를 위해 5일간 말레이시아를 방문하는 동안 인체 모하메드 키르 조하리 교육부장관을 방문해, 한국과 말레이시아 간의 문화와 사회 분야에 있어 양 국가가 상호 이익을 얻을 수 있는 것이라면 무엇이든 논의할 준비가 되어 있다는 의견을 밝히며 문화 교류를 위한 의지를 확인했다.[50] 전반적인 평가에 있어, 양국 간의 교류는 1965년 뚠꾸 압둘 라흐만 총리의 한국 방문과 1966년 박정희 대통령의 말레이시아 방문 그리고

49_『말레이 메일』(1966/06/09).

50_강병규 사무국장은 1969년 사회문화센터 창립과 함께 서울에서 최초로 아시아문화제(3회)를 개최함으로써 말레이시아뿐만 아니라 ASPAC 회원국들과의 사회, 문화 교류를 위한 논의와 사업을 추진하고자 했다. 『말레이 메일』(1969/03/12). 당시 편성된 회계 연도비(미화 5만5천달러)로 각종 문화 공보 활동, 교육 교류계획, 그리고 각국의 문화재와 문화유산의 보존을 위해 소개 및 번역 활동을 하고자 했으며, 비영어 사용국인 동아시아 각국의 고전을 영어로 번역하는 사업도 추진하였는데, 『경국대전』, 『비변사록』 난중일기 등의 소개 및 번역을 계획. 아시아 각국에게 한국에 대한 이해를 증진시키고자 했다(『경향신문』 1969/02/03).

표 3 | 1960~69년도 한국 방문 말레이시아인 입국자

년도	1960	1961	1962	1963	1964	1965	1966	1967	1968	1969
총계	6	16	22	21	53	128	296	439	975	582

1969년 말레이시아 국왕의 한국 국빈 방문을 전후로 문화 교류가 한층 발전되기 시작했다.

국가 간의 교류에 있어 정부 대 정부간의 교류이건 혹은 민간 교류이건 간에 교류 활동의 척도는 얼마나 많은 수의 국민들이 상호 방문을 하는가이다. 1960년대 한국을 방문한 말레이시아 방문자 통계를 볼 때, 국빈 방문이 이루어지기 전후인 1964년과 1965년을 비교하면, 말레이시아인 한국 방문자 수가 2.4배 증가함을 알 수 있다. 또한 1966년 박정희 대통령이 말레이시아를 국빈 방문한 시기에는 전년 대비 2.3배 그리고 1964년과 비교하여 5.6배나 증가한 것을 알 수 있는데, 이로써 교류 활동이 크게 활발해 진 것을 추정할 수 있다.

1966년부터 1969년까지 한국인의 말레이시아 방문자와 말레이시아인의 한국 방문자 현황[51]을 비교해 볼 때, 흥미로운 사실을 발견할 수 있다.

단순 수치 비교상 양국 간의 방문자 숫자는 최소한 2.4배(1969년) 그리고 최대한 54.2배(1968년)의 차이가 나는 것을 알 수 있는데, 그 이

51_한국출입국·외국정책본부(Korea Immigration Service) 통계, 말레이시아인의 한국 방문자 통계는 1960년부터 있으나 1965년까지의 한국인 말레이시아 방문자 통계가 없기 때문에 비교 목적상 1966년부터 기준을 잡음.

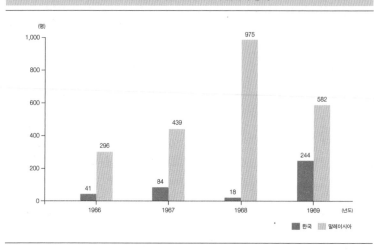

유는 당시 말레이시아가 경제적으로 한국보다 우위에 있었으며 국민
소득의 현격한 차이가 그 주된 이유였다. 예컨대, 1960년 한국의 국민
소득은 미화 79달러에서 1969년 210달러로 증가했으나 말레이시아
의 경우 각각 289달러(1960), 375달러(1969)로 한국보다 높았다. 그러
나 더 큰 이유는 한국 정부가 불필요한 외화 낭비를 막기 위해 순수 관
광 목적의 해외여행을 억제했고 이런 해외여행과 관련된 추천 및 심사
여권 발급 절차 등을 강화했기 때문이다.[52]

52_장상문 비서관의 보고서에 따르면, 1968년 1월 18일 박정희 대통령이 외무부 방문했을
　　당시 해외여행 통제 지시를 내렸으며, 국제적 회합의 성격을 띠지 않는 종교, 사회사업
　　및 관광 여행으로 간주되는 각종 위장 여행 등의 해외여행을 통제할 방안과 협력을 지시
　　함. 국가기록원(대전국가기록정보센터).

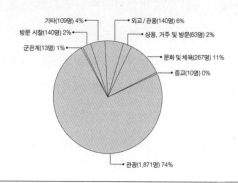

기타(109명) 4% • 외교/관용(140명) 6%
방문 시찰(140명) 2% • 상용, 거주 및 방문(63명) 2%
군관계(13명) 1% • 문화 및 체육(267명) 11%
• 종교(10명) 0%
• 관광(1,871명) 74%

1965년부터 1969년까지 5년간 한국으로의 말레이시아 방문자 총 2,604명에 대한 통계 및 분석을 기초로 당시 교류 활동을 가늠해 볼 수 있다.

〈도표 2〉에서 나타나듯이 관광 목적으로 방문한 사람이 1,871명으로 전체의 71.9%를 차지하고 문화 교류로 분류할 수 있는 문화, 체육 및 종교 목적상의 방문으로 입국한 말레이시아인은 10.6퍼센트를 차지한다. 비록 말레이시아로의 한국인 방문자 통계에 대한 자료가 전무해 문화 교류 등을 위한 통계적 수치는 낼 수 없으나 다음과 같이 한국과 말레이시아 간의 문화 홍보 및 여성 대표 교류, 스포츠, 의료 그리고 종교를 통한 문화 교류가 이루어졌다.

(1) 문화, 예술 및 사회단체 교류

1960년 아이젠하워 미국 대통령의 서울 방문시 통역원이기도 했으며 미스 코리아인 김선지(Kim Sun Zi)는 말레이시아를 방문해 한국

민속춤을 홍보했다.[53] 또한 그녀는 3주 동안 부낏 빈땅 파크(Bukit Bintang Park)에서 열린 무역 박람회에서 한국 문화를 홍보하도록 초청 받아 당시 한국 전통춤이나 한복 등에 생소한 말레이시아 국민들에게 한국의 문화를 알리는 데 일조했다.[54] 말레이시아는 1967년 독립 기념일 10주년 기념공연을 기획하며 한국에 축하 공연단을 보내줄 것을 요청했다. 이에 따라 한국 공연단 팀이 말레이시아를 방문, 9월 1일부터 국립 경기장에서 3일 동안 전통춤을 선보였다.[55] 한국 전통 공연 외에도 쿠알라 룸푸르에 있는 국립아트갤러리에서 한국의 현대 미술품 전시회도 열렸다. 전시회 개최는 1966년 박정희 대통령의 국빈 방문 일정에 맞추어 열렸으며, 한국 현대미술 작가들의 작품 수백 점이 2월 7일부터 한 달간 전시되었고 이와 함께 한국과 말레이시아 미술 작가들과간의 교류도 이루어졌다.[56]

한국은 1961년 3월 27일부터 말레이시아 쿠알라 룸푸르에서 개최된 세계여성위원회(Associated Country Women of the World)의 아시아 지역회의에 여성 대표를 파견했으며, 이 회의에는 22개 아시아 국가 여성들이 참석해 국가 발전과 개발에 있어 여성의 역할에 대한 안건을 논의했다.[57] 이 외에도 한국노동조합총연맹 소속 한국 여성 그룹이 유

53_"Korean Beauty in KL", 『말레이 메일』(1960/08/25).

54_"Miss Korea Watches US at Work", 『말레이 메일』(1960/08/28). "Miss Korea Visits Straits Times Office in Capital", 『스트레이트 타임스』(1960/08/28).

55_『말레이 메일』(1967/08/25).

56_『말레이 메일』(1966/02/01).

57_"Women Conference Open Tomorrow", 『스트레이트 타임스』(1961/03/26).

엔의 교육, 과학, 문화국의 후원을 받아 동남아 5개국을 방문했다. 말레이시아 방문은 9월 22일부터 약 10일 동안 이루어졌는데,[58] 말레이시아 정부 방문시, 말레이시아 노동연합의회의 역사와 역할, 정부와 노동연합의회와의 공조 방안 그리고 고용주와 피고용인 간의 관계에 대한 설명을 들었다. 이외에도 고무 농장 및 주석 공장 그리고 라왕(Rawang) 시에 있는 시멘트 공장을 견학하고 페낭 주와 이포(Ipoh) 시를 방문했다. 그리고 서울의 커뮤니케이션 훈련원 이종랑(Johng Rang Lee) 원장이 1962년 12월 7일부터 9일까지 쿠알라룸푸르의 텔리커뮤니케이션 훈련 센터를 방문했다. 그는 세계텔리커뮤니케이션협회 회원으로[59] 미국의 기술 지원 위원회의 특별 기금 위원회로부터 단기 연구비 지원을 받아 말레이시아에 왔다.[60]

많지는 않으나 사회단체 간의 교류도 이루어지는데, 대표적인 방문 교류는 YWCA와 보이스카우트였다. 1966년 한국의 김현자 YWCA 회장은 11월 17일 말레이시아를 방문해 말레이시아·싱가포르 YWCA 회장인 바이올렛 쿠마라사미(Vioelt Coomarasamy) 회장을 예방하고 말레이시아에서의 여성 교육에 대해 교육을 받았다.[61] 또한 한국보이스카우트연맹 김용우 회장은 1969년 11월 11일 딴 스리 하지 사르돈 빈 하지 주비르(Tan Sri Haji Sardon bin Haji Jubir) 말레이시아 보이스카우

58_"Korean Women, Visiting Malaya", 『말레이 메일』(1961/09/15).

59_말레이시아 국가문서보관소, P.M. 28240.

60_말레이시아 국가문서보관소, 1962년 11월 20일, 쿠알라 룸푸르 주재 유엔(UN)의 동남아시아 지역 대표인 H.L. 스펜서 주니어(H.L. Spence, Jr.)로부터 온 편지.

61_『말레이 메일』(1966/11/09).

트 회장을 만나 보이스카우트 본부를 시설과 활동 상황에 대해 브리핑을 받았으며 향후 연계 활동에 대한 논의도 가졌다.

(2) 스포츠

외교 관계를 맺은 1960년부터는 이전보다 다양한 스포츠 교류가 이루어지는 것이 특징이다. 과거에는 축구와 하키가 위주였던 것이 점차 태권도, 탁구 그리고 농구와 같이 종목이 다양해짐과 함께 교류 또한 활발해진다.

① 축구

한국은 말레이시아에서 개최하는 머르데까 배에 매년 대표팀을 보내 1960, 65, 67년에 우승컵을 들어올렸다. 그러나 1967년 제10회 대회에서는 국가 명칭에 대한 한국 팀의 항의로 인해 말레이시아 축구협회와 어색한 관계를 연출하기도 했으나,[62] 우승을 차지해 한국의 위상을 높였다.[63] 스포츠 특히 축구에 대한 말레이시아 총리의 열정과 관심은 남달랐던 것으로 보인다. 전년에 바로 시작한 아시아 청소년 축구대회가 다음 주최 국가였던 미얀마가 포기 선언을 하고 관심 있던 필

62_곽성범 선수 단장은 말레이시아 축구협회가 지칭한 남한 팀(South Korea)에 대해 항의하며 한국(Korea 혹은 Republic of Korea)으로 고쳐 줄 것을 요구했다. 『말레이 메일』 (1967/08/10). 현지 신문에는 Kwok Sung Bun으로 잘못 오기됨.

63_한국 선수단은 8월 30일 우승컵과 함께 귀국했으나 무고한 밀수 혐의로 28명 전원이 옷까지 벗어 가며 수색 및 취조를 받았다. 마중 나온 대한축구협회 최지환 회장을 비롯해 5백여 명의 체육 인사 및 가족들과 악수하는 것조차 금지당했다. 『동아일보』(1967/08/31).

리핀마저 철회를 하자[64] 대회 무산의 위기에 처하게 되었다. 그러자 말레이시아 축구협회(FAM)와 아시아 축구연합(AFC)의 회장이었던 뚠꾸 압둘 라흐만 총리는 말레이시아에서 제2회 대회를 주최하기로 결정했다.[65] 특히 아시아 축구의 미래를 짊어질 청소년 축구의 수준을 한층 높이기 위한 그의 안목과 추진력은 개막 연설에서도 잘 나타나고 있다.

본인은 아시아의 모든 청소년 선수들에게 왜 그들을 위한 이 경기가 개최되는지 일깨워 주고 싶습니다. 만약 아시아 국가들이 축구에 있어 유럽과 남아메리카의 국가들에 필적할 만한 높은 수준의 축구를 성취하고자 원한다면, 청소년들이 학교에 다닐 때부터 훈련을 받도록 해야 합니다. 만약 이렇게 한다면 우리는 아시아 전체에 있어 경기 수준과 대중성 두 가지를 동시에 진작시킬 것입니다. 우리 아시아에도 재능이 많은 선수들은 물론 그 외 좋은 여건들을 갖추고 있습니다. 그러나 우리는 유럽의 국가들이 자국의 어린 축구 선수들에게 해주었던 격려와 기회를 일찍부터 주지 못했습니다. 유럽은 정기적으로 대회를 개최해 왔으나 아시아에 있는 우리는 그렇지 못했습니다. 따라서 이번 대회는 우리 말레이시아와 나의 이웃 국가들의 청소년들에게 활력을 주는 계기임을 위한 첫걸음이라 할 수 있습니다.[66]

64_1960년 3월 30일, 쿠알라 룸푸르의 머르데까 경기장에서 열린 제2회 아시아 청소년 축구 대회 개막식에서 낭독한 총리의 연설, 말레이시아 국가문서보관소, TAR 2:3:60, p. 65.

65_"Malaya Will Again Stage Junior Cup Soccer", 『말레이 메일』(1960/01/01). "South Korea Stronger Than Last Year", 『스트레이트 타임스』(1960/03/28).

66_1960년 3월 30일, 쿠알라 룸푸르의 머르네까 경기장에서 열린 제2회 아시아 청소년 축구 대회 개막식에서 낭독한 총리의 연설, 말레이시아 국가문서보관소, TAR 2:3:60, p. 66.

② 태권도/ 농구

한국 고유의 전통무술인 태권도를 말레이시아에 처음 소개하고 대중화시키는 데 결정적 역할을 한 사람은 초대 한국 대사인 최홍희 대사였다. 대사관 업무를 시작한 지 1년 뒤인 1963년 국립경기장(Stadium Negara)에서 한국 태권도 시범단을 초청해 시범 경기를 선보였다. 최홍희 대사는 뚠꾸 압둘 라흐만 총리의 요청에 따라 말레이시아에 최초로 태권도 협회를 결성하는 데에도 결정적 역할을 했다. 그 후 3년이 지난 1966년에는 170여 명의 말레이시아 태권도 수련생들이 교육부장관이자 말레이시아 태권도협회장인 인체 모하메드 키르 조하리 장관으로부터 태권도증을 받게 되었다. 이 수련생들은 기술 교사 양성 전문대학과 전문 교사 양성소 학생들로 이 가운데 3명은 단증을 받았다. 이 수여식에는 최규하 주말레이시아 한국 대사도 참석했으며 수여식 후 단증을 딴 3명의 수련생들이 시범 경기를 벌이기도 했다.[67]

태권도의 인기는 말레이시아뿐만 아니라 싱가포르에까지 번져 나갔다. 1967년까지 말레이시아 쿠알라 룸푸르에만도 1,500여 명이 회원으로 가입했고, 페낭에는 300명, 말라카와 이포 시에는 각 200여 명의 회원이 등록했다. 이들 가운데 일부는 여성 회원도 있으며 가장 나이 어린 회원은 15세, 가장 나이 많은 회원은 65세까지 있었다.[68] 당시 흥미로운 것은 자기방어가 목적인 태권도가 파괴력 있고 위험한 운동인

67_『말레이 메일』(1966/10/04).

68_『말레이 메일』(1967/04/10).

것으로 오해를 받았다는 점이다. 말레이시아 태권도 협회에서는 태권도 수련자가 태권도를 잘못 사용할 경우 심각한 결과를 초래할 것을 염려하여 태권도 등록 신청자의 명단을 범죄 조사국(Criminal Investigation Department, CID)으로 보내 범죄 조직과 연계된 사람인지를 사전 파악하고자 했다. 또한 협회가 회원들에게 요구한 자격 조건이 첫째, 회원이 바른 생각을 가져야 하고 둘째, 신체적으로도 태권도에 적합해야 한다는 것을 강조했음을 볼 때, 말레이시아에서 태권도의 인기와 태권도에 대한 외경심이 상당했던 것으로 보인다.

한국은 1967년 9월에 제4회 아시아 농구페더레이션 챔피언십 경기를 주최하면서 말레이시아 팀을 초청했다. 한국의 이병희 농구협회장은 말레이시아 아마추어농구협회(Malasyian Amateur Basketball Association, MABA)로 보낸 서한을 통해 대표단 최대 16명의 경비 중 20%를 한국이 지원할 것이라 하며 가급적 참가해 줄 것을 요청했는데, 당시 말레이시아아마추어농구협회의 룸문착(Lum Mun Chak) 회장은 이 초청을 기꺼이 받아들였고, 보다 나은 경기를 위해 특별히 미국정보서비스(Unite States Information Services)을 접촉해 국가대표팀을 맡아 줄 전문 코치를 초청하는 등 이 대회 참가에 대한 열의를 보여 주었다.

(3) 종교 협력

엄밀한 의미에서 교류라고는 볼 수 없으나 한국은 조선시대에 말레이시아는 영국 식민지시대때 종교적인 목적의 왕래가 있었다. 조선에 파송돼있었던 메스트르(Maistre) 프랑스 신부[69]가 1854년 3월 이만돌 바울리노, 임 빈첸시오, 김요한을 선발하여 1807년 파리외방선교회(Paris Foreign Missions Society: MEP)가 설립한 페낭의 신학교로 유학을 보냈으며, 1858년에도 3명을 추가로 보내 신학공부를 시켰다. 이후 블랑주교가 1882, 1883, 1884년에 조선신학생 21명을 페낭 신학교에 보냈는데, 이 가운데 12명[70]이 신부의 서품을 받아 조선에 귀국하여 한국 선교에 이바지했다. 아시아 지역에 성직자들을 양성할 목적으로 세워진 페낭의 신학교는 김대건 신부의 유해가 보관되어 있는 곳으로 서도 잘 알려져 있지만,한국 천주교 박해시기에 한국인 신부양성 교육 의 장을 제공한 곳으로서 그 의미가 크다고 할 수 있다.

1961년, 서울의 한국이슬람회 하지 우마르 김진규(Haji Umar Kim Jin Kyu) 회장은 말레이시아와 아시아 국가를 방문, 초기 건설비용으로 45만 링깃(미화 15만 달러)이 필요한 한국 이슬람 센터와 학교 건립을 위한 기금을 조성하고자 했다. 김진규 회장에 따르면, 한국에서의 이 슬람은 1955년부터 포교 활동이 시작되었으며, 1955년 3월부터 터키 군의 협조로 동대문구 이문동 근처에 천막으로 만든 임시 성원을 설 치, 예배 활동을 시작했다. 한국전쟁 당시 평화 유지를 위해 파견된 터 키 군대에 배속되어 같이 온 이맘이 이슬람을 전파하면서였다. 터키 군은 한국전쟁이 발발한 1950년부터 군대를 파병했으며[71], 종전 후 파 병된 이맘 압둘라는 한국인들에게 예배를 같이 하도록 하면서 한국의

69_메스트르신부는 한국의 최초 신부인 김대건 신부가 모방(Maubant)신부의 도움으로 마 카오 유학을 할 때, 김대건신부에게 신학공부를 가르치기도 했다. 카톨릭 대사전-페낭 신학교편.

70_당시 사제서품을 받은 조선 신학생은 강성삼, 강도영, 정규하, 한기근, 김성학, 이내수, 김원영, 홍병철, 이종국, 김양홍, 김문옥, 김승연이다.

71_터키는 미국, 영국 다음으로 세 번째로 많은 병력(14,936명)을 파견했다.

한국 이슬람 중앙 성원 준공식

초기 이슬람 발전에 큰 역할을 했다. 1961년 당시 한국의 무슬림은
580명으로 기록되어 있다. 뚠꾸 압둘 라흐만 총리와의 면담시, 말레이
시아 정부가 10만 링깃을 후원할 것임을 약속했으며,[72] 이슬람 성원 건
설에 다른 필요한 것은 없는지 확인차 우바이둘라(S. O. K Ubaidullah)
상원 의원이 이끄는 6명의 말레이시아 무슬림을 파견하기로 약속했
다. 이 시찰단에는 슬랑오르 주 무슬림 선교회 회장인 알리 무나와르
(Ali Munawar)와 국립박물관 관장인 뚜안 하지 무빈 쉐퍼드(Tuan Haji
Mubin Sheppard)도 포함되어 있다.[73] 하지 우마르 김진규의 방문 후,

72_슬랑오르 주 이슬람 담당과와 총 말라야 이슬람 복지위원회(All Malaya Islamic
   Welfare Council)는 대지 구입시 기금을 후원하기로 동의했다. "Muslim Leader in
   from Korea", 『스트레이츠 타임스』(1961/04/14), "Koreans Seek Aid from Malaya
   to Build Mosque", 『말레이 메일』(1961/04/14).
73_그러나 연방 정부에서 후원한 10만 링깃이 슬랑오르 주 이슬람 담당과와 총 말라야 이

말레이시아 정부는 이슬람협회의 지도자 14명을 한국으로 보내 1961년 9월 11일부터 2주 동안, 한국의 이슬람 현황을 파악하게 하고, 한국 무슬림들에게 이슬람에 대해 강의하는 등 교류 활동을 벌였다.[74]

(4) 의료 및 복지 교류

1965년 말레이시아 정부는 농촌 지역에서의 의료 활동을 위해 한국의 의사들을 초청하고자 했다. 이에 대해 한국 신경정신과 협회장인 진승기(Seung Kee, Jin) 박사는 수브라마니암(M. Subramaniam) 박사에게 보낸 편지를 통해 한국 의사 가운데 정신, 심리병학 분야에 있어 도울 의향이 있는 몇 의사들이 있음을 알렸다.[75] 이로써 한국과 말레이시아 사이에 의사 파견을 통한 의료 교류가 시작되었다. 1965년 응텍멩 (Ng Teck Meng) 말레이시아 보건부의 상임 대표위원이 8명의 한국인 의사들을 말레이시아 반도의 6개 주에 파견되하였다고 밝힌 것으로 보아,[76] 교류 초기에 말레이시아에서 의료 활동을 했던 한국 의사들은

슬람 복지위원회가 약속한 후원의 일부인지는 확실치 않다. "$100,000 Gift for Mosque in Korea", 『말레이 메일』(1961/04/27).

74_"Muslim Group for Korea", 『말레이 메일』(1961/08/31).

75_말레이시아 국가문서보관소, DLM.R.S.B.P.O 175/1965, 자료 No. 4.

76_최영수 박사(Choi Young Soo: 조호르 주 파견), 이재영 박사(Lee Jae Young: 뻬락 주 파견), 염형섭 박사(Yom Hyung Sup: 클란탄 주 파견), 이우택 박사(Lee Oo Taek: 느그리 슴빌란 주 파견), 이창무 박사(Lee Chang Moo: 파항 주 파견), 이청학 박사(Lee Cheong Hak: 파항 주 파견), 이건복 박사(Yi Kun Pok: 파항 주 파견), 최왈홍 박사 (Choi Wal Hong: 트렝가누 주 파견), 말레이시아 국가문서보관소, DLM.R.S.B.P.O 175/1965, 자료 No. 5.

10명 안팎으로 보인다.

이듬해인 1966년 1월 보건사회부의 오원선 장관이 말레이시아를 3일간 일정으로 방문해 쿠알라룸푸르 근처 도시인 까장(Kajang) 병원과 스머니(Semenyih) 보건부 지부를 방문했다.[77] 방문 후인 2월에 갑자기 내린 폭우로 말레이시아에 이재민이 발생하자 한국적십자사는 말레이시아 적십자사에 6백 달러의 성금을 보내기도 했다. 비록 의료 활동 교류가 시작된 지 1년이 채 되지 않았음에도 1966년 말레이시아와 3년 계약으로 파견된 의사 숫자는 대략 40여 명에 달하는데, 이들은 쿠알라 룸푸르 외에도 말레이시아 반도 전역에 파견되어 근무했다. 파견된 의사들의 계약이 만료되어 귀국하게 되던 1969년 당시 최규하 외무부장관은 주말레이시아 갈홍기 한국 대사를 통해 "한국 정부를 대신하여 한국 의사들이 업무에 충실할 수 있도록 모든 편의 시설을 제공해 준 말레이시아 정부에 사의를 표한다"는 서한을 말레이시아 보건부에 전했다.[78]

3) 소강기(1970~79년)

뜬꾸 압둘 라흐만 총리 이후 2대 뚠 압둘 라작 후세인(Tun Abdul Razak Bin Hussein Al-Haj: 1971~76)과 3대 뚠 후세인 온(Tun Hussein Bin Datp' Onn: 1976~81) 총리가 집권한 10년간 한국과 말레이시아 사이의

77_『말레이 메일』(1966/01/17).
78_『말레이 메일』(1969/03/05).

표 4 | 1970~79년대 한국인 말레이시아 입국자 및 말레이시아인 한국 입국자 통계

	1970	1971	1972	1973	1974	1975	1976	1977	1978	1979
한국	171	233	357	344	584	627	359	563	760	854
말레이시아	439	511	505	831	1,031	1,288	2,055	2,048	6,486	7,280

출처: 출입국·외국인정책본부(Korea Immigration Service) 통계연보

교류는 소강상태에 접어든다. 그 주된 이유는 1970년대 말레이시아 외교 노선이 비동맹 정책으로 전환하고, 한국과 북한과는 등거리 외교(Equidistance Diplomacy) 정책을 채택해 북한과의 외교 관계를 수립했기 때문이다.

1960년대 양국의 정상들이 서로 방문하며 교류 발전의 첫걸음을 내딛어 활발해지기 시작하던 때에, 이 같은 말레이시아 정책 노선의 변경은 양국 교류에 찬물을 끼얹는 형국이 되었다. 비록 한국으로 입국하는 말레이시아인들의 숫자가 증가하기는 했으나 여전히 말레이시아로 방문하는 한국인의 숫자는 큰 변화가 없었으며 1973년과 1976년에는 전년 대비 감소하기까지 했다.

말레이시아 정책 노선의 변환은 한국 정부에 큰 실망을 주었으며 따라서 외교적 혹은 상용의 목적으로 말레이시아 방문을 적극 권장하는 분위기는 아니었다. 더욱이 1968년부터 시행된 여행 통제는 친선이나 관광을 목적으로 하는 출국을 자제하게끔 하여 관광 목적의 말레이시아로의 입국은 통계상 거의 없는 것으로 기록되어 있다. 〈표 5〉에서 알 수 있듯이 말레이시아로 관광하기 위해 출국한 한국인은 전무하다. 그러나 관광하기 위해 입국한 말레이시아인들의 숫자는 매년 입국자 총수의 70~93%를 차지해 한국과 큰 대조를 보이는데, 말레이시아 외교정책의 변화가 일반 국민에게는 큰 영향을 끼치지 않은 것으로 보

	70	71	72	73	74	75	76	77	78	79
한국	NA	0	0	0	0	0	0	0	0	0
말레이시아	334	375	357	NA	821	947	1,576	1,563	6,055	6,565

인다.

국가 간의 문화 교류는 양국 간의 정치적인 영향권하에 있다고 해도 무방하다. 따라서 한국과 말레이시아의 문화 교류가 태동기를 거쳐 발전기에 이르다가 더욱 발전하지 못하고 침체기를 겪는 1970년대 양 국가의 정치 상황을 살펴볼 필요가 있다. 그러나 당시 양 국가의 외교 관계가 소원해지는 결정적인 이유가 말레이시아 정부의 외교 노선의 변화에 따른 것이기에, 말레이시아 2, 3대 총리의 기본 외교정책과 한국, 북한 그리고 말레이시아의 외교 관계를 살펴본다.

(1) 1970~79년대 말레이시아 외교정책

한국과 말레이시아는 1970~79년 초까지 냉각기라 불릴 만큼 양국 간의 교류는 크게 줄었다. 그 예로 10여 년간 양국 간에 국빈 방문은 전혀 없었고, 정부 간의 상호 방문이 있기는 했지만 한국 측에서는 김동조 외무장관이 1975년 3월, 그리고 박동진 외무장관이 1976년 3월에 말레이시아를 방문했으나 말레이시아 측에서는 장관급의 방문은 전혀 없었다. 그 반대로 북한 측에서는 허담 외교부장이 1975년 8월과 1979년 5월에 걸쳐 두 차례나 그리고 김병기 순회대사가 1979년 9월에 그리고 같은 달에 최종건 무역부장이 말레이시아를 방문했다. 말레이시아 측에서는 가파르 바바(Ghafar Baba) 농업 및 지방 건설 장관이

1975년 10월에 그리고 마하티르 부총리가 1979년 6월에 북한을 방문하는 등 북한과의 외교 활동이 활발했다.

그렇다면 굳이 말레이시아가 한국과의 관계를 고려치 않고 북한과 외교 관계를 수립해야 할 만한 이유가 있었을까 하는 의문이 든다. 이는 당시 미국이 보여 준 행보가 크게 작용

미국의 닉슨 대통령이 1972년 2월 21일 중국을 방문하여 중국의 마오쩌둥 주석을 만나고 있다.

을 했던 것으로 보인다. 1971년 7월부터 물밑 작업 끝에 닉슨 대통령은 1972년 2월 21일 중국을 방문하여 마오쩌둥 주석을 만난다. 이 만남은 탈이데올로기를 벗어나 냉전 체제라는 새로운 국제 정세로 변환함을 뜻하는 일대 사건이었다. 이 같은 미국의 외교정책의 변화 이후 말레이시아 또한 같은 방향으로 외교 관계 수립을 꾀하고자 했다.

물론 말레이시아가 이처럼 외교 노선을 변경한 배경에는 1960년대 중반부터 심각해진 주변 국가들과의 영토 분쟁과 영국을 중심으로 한 서방 일변도의 반공 정책에 문제점이 있다는 것을 자각하였기 때문이었다. 1963년 9월 16일, 말레이시아가 서말레이시아에 국한되었던 말라야연방(Federation of Malaya)[79]을 동말레이시아 보르네오 섬의 사바 주

79_말라야연방(1948.1.31~1963.9.16)은 9개의 말레이 주와 2개의 영국 식민지 주로 있던 페낭과 말라카를 포함 총 11개의 주로 결성되었다.

와 사라왁 주 그리고 싱가포르까지 포함한 말레이시아 연방(Federation of Malaysia)[80]으로 재탄생하자 보르네오 섬에 역사적 연고권을 주장하는 필리핀으로부터 그리고 특히 인도네시아로부터의 강력한 반대에 부딪힌다. 동남아시아 국가 중에서 대국을 자처하던 인도네시아는 자국의 영향력을 발휘해 아시아와 아프리카 대륙의 제3세계권 국가들을 설득해 말레이시아를 외교적으로 고립화시켰다. 필리핀과 인도네시아가 유엔을 통해 압력 행사를 벌이면서 말레이시아는 국제사회로부터 자국이 새로 결성한 말레이시아연방의 승인과 지지 확보가 힘들게 되었다. 더욱이 주변 국가들로부터 외교적으로 고립화시켰던 필리핀과 인도네시아의 일련의 실력행사들은 1964년 카이로에서 개최된 제2차 비동맹정상회담에서 말레이시아가 제출한 회원국 신청을 무산시키자 말레이시아의 위기감은 더욱더 심해졌다.

이런 국제 정세 속에서 제2대 압둘 라작 총리는 필연적으로 그간 펼쳐 왔던 말레이시아의 외교정책에 대한 수정이 불가피하게 되었음을 판단했다. 따라서 그가 채택한 외교정책은 비동맹기구(Non Aligned Movement, NAM)에 가입함으로써 비동맹 중립 노선을 지키고, 이슬람권 유대 강화를 위해 이슬람국가기구(Organization of Islamic Countries, OIC)에 가입함으로써 국제사회에 말레이시아를 이슬람권 국가로 알리는 것이었다. 압둘 라작 총리의 병환으로 인한 사망과 함께 그의 뒤를 이은 제3대 후세인 총리의 외교 노선은 전임 총리의 외교정책을 그대로 유지하며 지역 협력 외교를 강화해 1967년 창설된 동남아국가연합

80_싱가포르는 1965년 8월 9일 탈퇴해 분리함.

(Association of Southeast Asian Nations, ASEAN) 가입 국가와 연대를 중시하는 정책을 펼쳤다.

이와 같은 말레이시아의 외교정책은 결과적으로 한국의 친서구 동맹 정책과는 갈등과 긴장을 빚게 되면서, 양국 관계는 소원한 관계로 접어들었다. 더욱이 보르네오 섬의 사바 주와 사라왁 주 국경을 둘러싸고 인도네시아와 첨예한 대치 상황에 있던 말레이시아는 강대국 미국의 공조 및 협조를 구해야 했다. 또한 미국이 중국과 수교를 맺는 것을 직시한 말레이시아는 미국의 이런 행보를 따르고자 했다. 그러나 공산주의 국가의 대부격인 중국과 바로 외교 관계를 맺지 않고 북한과 먼저 수교를 맺은 것은 당시 말레이시아 국내 정세에 의한 사정 때문이었다. 말레이시아 정부 전복을 위해 투쟁했던 말레이시아공산당(Parti Komunis Malaya, PKM)이 중국으로부터 무기와 인력 등을 지원받았는데, 이런 반정부 세력을 지지해 온 중국과 외교 관계를 맺는다는 것은 득보다는 실이 더 많았기 때문으로 해석된다. 따라서 1973년 6월 북한이라는 공산주의 국가와의 외교 수립이라는 완충적인 방안을 먼저 선택한 뒤, 말레이시아는 1974년에 중국과 수교를 맺는다.

말레이시아가 비동맹중립노선에 따라 공산국가들과의 관계 개선을 추구, 1972~73년 사이 동독, 몽고, 월맹과 수교를 맺고, 특히 한국의 박정희 대통령이 주도하여 창설되었던 아시아 태평양이사회(Asia and Pacific Council, ASPAC, 1966. 6월 결성)을 탈퇴하면서까지 북한과 수교를 하자 이를 전후로 양국 간의 관계는 급속히 소원해져 갔다.

(2) 한국, 말레이시아, 북한의 문화 교류 비교

한국과 관계가 소원해진 가운데 말레이시아는 북한과의 수교 시점

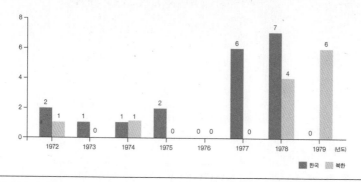

주: 외교관, 군인, 국회의원, 각료급 인사, 정당 대표 등의 친선 방문 혹은 초청으로 인한 방문을 포함하며, 1979년의 한국 관련
자료 부족으로 확인이 불가하여 없음으로 표기함.
출처: 『국별 남북한 외교, 1945~74』(국토통일원), 『대한민국 외교년표, 1972~78』(외교통상부) 및 『북한의 외교년표, 1972~
79』(국회도서관).

을 전후로 각 1회씩의 북한 측 친선 사절단 방문을 받았으며, 1978년
에는 4회 그리고 1979년에는 6회의 교류 방문을 받았다.[81] 이런 가운
데 한국은 비록 말레이시아와 북한 사이의 교류 횟수보다 2배 가까이
되는 사절단을 보냈으나 이전과의 교류활동과 비교해 볼 때 그리 주목
할 만한 활동은 아니었다. 특히 압둘 라작 총리는 자신의 임기 중에 한
국을 방문하거나 부총리와 같은 고위급 관료를 한국에 보내지도 않았
다.

특히 말레이시아와의 한국 그리고 말레이시아와의 북한의 문화교

81_ 수교 이후 말레이시아와 북한은 무역협정 체결(1979/06/09, 평양), 항공협정(1982/02/
15, 쿠알라 룸푸르), 정보 관련 협정(1992/05/25, 평양), 증진 및 보호 협정(1998/02/04,
쿠알라 룸푸르)을 각각 체결했다. 말레이시아 외교부, http://www.kln.gov.my/englis
h/Fr-foreignaffairs.htm 참조.

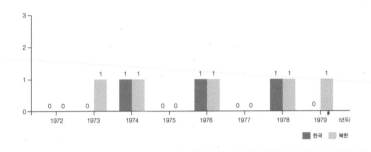

도표 4 | 말레이시아와 한국·북한과의 문화 교류 비교

주: 문화 교류는 학술, 예술, 언론, 스포츠, 산업 시찰 등을 말하며, 1979년의 한국 관련 자료 부족으로 확인이 불가하여 없음으로 표기함.
출처: 『국별 남북한 외교, 1945~74』(국토통일원), 『대한민국 외교년표, 1972~78』(외교통상부) 및 『북한의 외교년표, 1972~79』(국회도서관).

류방문 자료에서 알 수 있듯이 말레이시아에 대한 한국의 섭섭한 입장을 추정해 볼 수 있다. 또한 〈도표 4〉에서 알 수 있듯이 적대 국가인 북한과의 수교, UN에서의 한국 지지를 철회한 말레이시아에 한국은 정부 차원의 문화 교류에 적극적이지 않았던 것은 당연한 결과였다.

비록 단순 비교 수치에 불과하나 12년간의 한국-말레이시아 수교사를 볼 때, 1970년대의 문화 교류 통계는 충격적이라 할 수 있다. 한국은 1972년부터 1979년까지 통계에서 1972년 이후 거의 격년 간격으로 1회씩만 문화 교류단을 파견했다. 이와는 반대로 북한은 1972년, 1975년, 1977년을 제외하곤 매년 문화 교류단을 보내 말레이시아와 문화 교류를 추진한 것은 상당한 대조를 보인다.

(3) 방문 시찰 및 스포츠 교류

한국과 말레이시아 간의 외교, 및 경제 사절단 방문, 즉 정부 차원

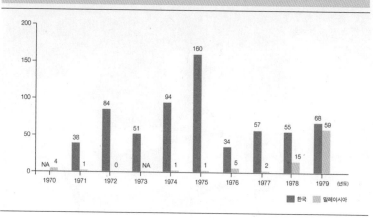

의 교류는 비록 1960년대보다는 현저히 줄어들었으나 민간 차원의 문화 교류는 어느 정도 지속되고 있었다. 더욱이 공장 등의 산업 시설 혹은 정부 관청 방문 시찰에 있어서는 한국 측이 〈도표 5〉에서 보듯이 말레이시아보다 훨씬 많았는데, 말레이시아로 방문한 한국인 전체 방문자 그리고 한국으로 입국한 말레이시아 전체 방문자에서 차지하는 비율로 비교하면 그 차이는 더욱 현저하다. 특히 1975년의 경우 전체 한국인 입국자 624명 가운데 방문 시찰 목적의 방문자가 160명이었는데 이는 전체 입국자의 26%나 차지하고 있다. 이와는 반대로 말레이시아의 경우 아예 없거나(1972년) 1~2명 내외(1971, 1974, 1975, 1977년) 그리고 가장 많은 경우 59명(1979년)밖에 되지 않는다. 이는 1970년대 또한 말레이시아 경제가 우위에 있었기 때문에 국민 개인의 경제활동이 말레이시아가 앞섰다는 것과 이와 마찬가지로 산업 시설이나 시스템에서 한국이 말레이시아로부터 배워야 할 점들이 많았기 때문이다.

7월 머르데까 컵에서 우승한 한국 팀 주장에게 말레이시아 국왕이 우승컵을 수여하고 있다.

　　1950년대 및 1960년대 초창기 문화 교류에서 주도적 역할을 해왔던 스포츠는 1970년대에도 이어진다. 비록 양국 간의 외교 관계가 냉각기에 접어들었지만 문화 교류는 스포츠를 통해 명맥을 유지했다.

　　또한 이전 한국의 스포츠 팀, 즉 한국 축구팀이 말레이시아의 머르데까 배 참가를 위해 주로 말레이시아를 방문했지만 1970년대부터는 말레이시아 축구팀이 한국을 방문하기 시작했다. 말레이시아는 한국이 1971년부터 개최한 박스 컵 혹은 박 대통령 컵에 매년 빠지지 않고 대표 팀을 보내 머르데까 컵에 참가해 온 한국에 대한 우의를 확인해 주었다. 축구 외에도 태권도의 교류도 꾸준히 지속되었다. 1973년에는 말레이시아 국방부에서 태권도를 특수부대원들에게 교육시켰으며, 이후 말레이시아 자체 교관들을 양성하기 전까지인 1984년까지 11명의 교관이 한국에서 파견되었다. 〈표 6〉을 통해 1970년부터 1979년

표 6 | 1970~79년대 문화, 예술, 스포츠, 종교 및 사회사업 목적으로 방문한 한국인 말레이시아 입국자 및 말레이시아인 한국 입국자 통계

	1970	1971	1972	1973	1974	1975	1976	1977	1978	1979
한국	NA	32	46	112	26	63	26	97	114	45
말레이시아	8	57	48	NA	34	66	118	82	64	67

까지의 10년간 문화 교류, 즉 예술, 스포츠, 종교와 사회사업 등의 목적으로 방문한 한국과 말레이시아 국민 간의 교류를 알 수 있다.

양국 간의 축구를 통한 스포츠 교류에서 말레이시아 팀은 1971년부터 매년 참가했음에도 1977년 공동 3위에 오른 것이 가장 좋은 성적이었으나 한국 팀은 6번(1970, 1972, 1975, 1977, 1978, 1979(말레이시아와 공동우승)의 머르데까 우승컵을 차지했다. 양국이 축구라는 교류를 통해서 문화 교류를 지속한 것은 그나마 다행이었다.

1970년대 후반인 1979년 7월 후세인 온 총리가 전격적으로 한국을 방문하면서 그간 소원했던 한국과 말레이시아 간의 관계가 회복되기 시작했다. 이 방문은 뚠꾸 압둘 라흐만 총리의 방문 이후 14년 만에 이루어진 방한이었다. 특히 마하티르 부총리가 정부를 이양 받으면서 두 국가 간의 교류는 급속도로 확산되기 시작했다. 말레이시아의 세 번째 수상인 후세인 온은 박정희 대통령이 초청한 청와대 만찬에서 "이번 방한은 지난 시절 이룩해 놓은 양국의 긴밀하고 우호적인 관계를 강화하기 위한 친선 방문이며…… 이런 우호 관계를 통해 보다 많은 장관들과 정부 관리들이 상호 방문해 왔으며, …… 오늘 본인은 양국가 간에 무역, 경제, 사회 그리고 문화 분야에서 긴밀한 협조가 이루어 왔음을 기쁘게 말할 수 있으며, 이에 덧붙여 그간 한국이 이룩한 발전과 현대화의 성공적인 모습을 제 눈으로 확인했음을 말하고 싶습니

표 7 | 1980~89년 말레이시아인 한국 입국자 목적별 통계

년도	총계	외교/공용/협정수행	단기/회의/취재	종교사업	투자상용	교육연구지도교수	유학연수	문화예술스포츠흥행	방문시찰	관광방문통과허가	군인	기타
1980	10,111	114	85	10	355	14	10	84	103	9,336	0	0
1981	15,739	126	56	2	405	29	7	125	133	14,855	0	1
1982	19,828	178	58	7	275	29	12	93	44	19,133	0	0
1983	24,183	335	30	6	153	15	283	24	2	23,323	2	10
1984	25,637	79	21	1	43	6	80	18	6	25,273	1	109
1985	30,323	117	42	1	83	1	92	9	0	29,978	0	0
1986	16,689	43	171	3	49	0	63	6	15	16,339	0	0
1987	14,766	48	24	1	46	5	79	4	11	14,546	1	1
1988	13,985	51	42	2	65	6	56	23	14	13,633	0	93
1989	15,387	53	75	1	64	4	66	3	20	15,086	0	2

다"라고 언급했다. 후세인 온 총리의 방한 이후, 한국과 말레이시아는 그간 소원했던 관계를 회복하기 시작했다.

4) 확산기(1980~90년대 후반)

1979년 후세인 온 총리의 방한으로 냉각기에 있던 한국-말레이시아 관계가 서서히 개선되기 시작했고, 1981년 전두환 대통령이 말레이시아를 방문(6.29~7.1)하면서 활기를 되찾게 되었다. 후세인 온 총리 및 마하티르 부총리와 가진 회담에서, 양국 상공장관의 정기적인 협의 및 고위 관리 간의 정책 협의회의 연례 개최에 대한 합의가 이루어졌다. 양국 정상은 정보 교환과 공동 연구 활동을 포함한 과학기술 협력 증진 그리고 스포츠, 예술, 교육 등의 분야에서 양국 국민 간의 문화 교류와 이해 증진에 노력할 것을 약속했다는 대목도 눈여겨 볼 만하다. 이런 합의에 따라 말레이시아 측에서는 아흐마드 샤 국왕(Ahmad Shah, 1983. 3)과 마하티르 총리(1983. 8)의 국빈 방문 그리고 무사 히탐 부총

표 8 | 1980~89년 한국인 말레이시아로 출국자 목적별 통계

년도	총계	외교 공용	상용	군사	시찰	취재 회의	연구 훈련 단기 연수 기술 지도	유학	종교 사회	스포츠 연예 예술	취업	관광	방문 이민 동거	기타 교포 출국
1980	3,746	92	841	0	123	15	3	0	3	80	2,589	0	0	0
1981	6,838	40	729	0	154	7	0	28	1	46	5,692	0	0	141
1982	5,770	62	982	6	211	11	91	0	3	121	4,035	0	8	240
1983	4,913	29	1,170	1	181	0	30	0	5	120	3,021	1	9	346
1984	5,414	41	1,316	2	22	73	34	43	9	148	3,137	1	304	284
1985	4,539	32	1,355	1	13	94	62	35	25	126	2,097	0	540	159
1986	3,419	44	1,427	3	8	119	68	27	6	86	1,114	2	386	129
1987	3,146	52	1,136	0	7	113	28	20	3	58	1,124	29	371	205
1988	3,565	161	1,329	1	16	134	55	32	7	81	840	329	397	183
1989	6,230	88	2,151	0	8	144	110	29	15	127	608	2,162	574	214

리(Musa Hitam, 1985. 5) 등 총 3명의 국왕들과 술탄, 총리와 부총리를 비롯한 정부 주요 인사들이 한국을 방문했다. 또한 한국 측에서는 합의대로 김성배 건설장관(1984. 4), 이원경 외무장관(1985. 7), 김용철 대법원장(1987. 2), 나웅배 상공장관(1987. 6), 최광수 외무장관(1988. 4)을 보내 말레이시아와의 교류 증진에 적극적인 자세를 보였다. 이후 노태우 대통령(1988. 11)이 말레이시아를 국빈 방문했다. 또한 살라후딘 압둘 아지즈 샤 국왕(Salahuddin Abdul Aziz Shah, 1991)과 마하티르 총리 (1990, 1991, 1993, 1994) 그리고 안와르 이브라힘 부총리(Anwar Ibrahim, 1996)가 1990년대에 한국을 방문했고, 한국 측에서는 김영삼 대통령 (1996. 11), 고건 국무총리(1997) 그리고 김대중 대통령(1998. 11)이 말레이시아를 방문하는 등 양국의 정상급 인사들의 교류가 활발했다.

마하티르 총리가 정부를 이어받으면서 제시한 '동방정책'으로 한국과의 인적 자원 및 교육 교류가 급속도로 확산되기 시작했다. 정책 시행 다음해인 1983년에 가장 많은 283명이 유학 연수 목적으로 한국을 들어오는데, 동방정책 시행 전인 1980년(10명), 1981년(7명), 1982년(12명)과 정책 시행 이후에 있어 유학 연수생들의 숫자가 큰 편차를 보이고 있음을 알 수 있다.

한편, 〈표 8〉에서 보여주듯이 한국인이 유학을 목적으로 말레이시아에 입국한 숫자는 말레이시아와는 대조적으로 많지는 않으나 연구 훈련 그리고 기술 지도를 위해 들어온 방문객 수는 상대적으로 많았다.

앞서 언급했듯이 말레이시아의 동방정책이 가장 활발하게 시행되었던 1980년대와 1990년대 경제 위기 전까지는 한국과 말레이시아 양국 간의 교류사적인 측면에 있어 교육 교류가 가장 활발했던 시기로 구분되어진다. 이는 한국에 입국한 말레이시아인 가운데 예술, 스포츠와 같은 문화 교류의 목적으로 들어온 입국자 통계와 연수 및 교육의 목적으로 들어온 입국자의 통계를 비교해 보면 쉽게 이해될 수 있다. 따라서 문화 교류의 확산기로 구분되는 이 시기의 교류 활동에 대해서는 다음 장인 한국-말레이시아 교육 교류에서 좀 더 중점적으로 다루고자 한다.

5) 대중화기(2000년대~현재)

2010년은 한국과 말레이시아가 외교 수교를 맺은 지 50주년을 맞는 의미가 깊은 해였다. 이에 따라 12월 이명박 대통령이 국빈 방문을 했고 이에 대한 답방으로 나집 총리(Dato' Sri Haji Mohammad Najib bin Tun Haji Abdul Razak)[82]가 2011년 4월 한국을 방문했다. 나집 총리는 이명박 대통령과의 정상회담시 외무부에서 준비한 '번영을 위한 동반

자: 말레이시아-한국 외교 수교 50주년을 기념'(Partners for prosperity: Celebrating 50th Anniversary of Establishing Korea -Malaysia Diplomatic Relation)이라는 한국-말레이시아 50주년을 기리는 책자를 전달했다.

지난 50여 년간 한국과 말레이시아 두 국가가 함께 경험하며 이룬 문화, 교육 교류의 태동기, 소강기, 발전기 그리고 확산기는 2000년대에 접어들어 양 국가의 국민들 사이에 대중화되는 시대로 더욱 확대되었다. 바로 이전의 1990년대 말까지가 교육 교류가 가장 활발하던 시대라면, 2000대에는 교육 교류는 물론 문화 교류가 더욱 활발해지고 확산되어 가는 시대라고 규정지을 수 있다. 특히 1990년대 주변 아시아 국가들에서 불기 시작했던 '한류'가 2000년대 초 말레이시아에 상륙하면서 아무도 예측하지 못한 결과를 가져오게 되었다. 또한 한류의 열풍이 가장 크게 불고 있는 일본, 베트남, 중국 등과는 다른 양상의 한류가 말레이시아에 불기 시작한다. 일반적으로 한류가 시작된 한국에 대한 관심과 동경으로 외국 국민들이 한국 방문을 계획하지만 한국인들이 오히려 말레이시아로 오는 기현상을 보이는 말레이시아에서의 한류는 자못 독특하다고 평가할 수 있다.

82_ 나집 총리의 아버지는 말레이시아 제2대 총리인 압둘 라작이다.

제4장

한국·말레이시아 교육 교류

1. 들어가는 말

교육 부문에서 한국과 말레이시아 간의 교류는 말레이시아 초대 총리가 한국을 방문하던 1965년부터였다. 1960년대에 간헐적으로 학생 교환 프로그램을 운영해 유지하던 교육 교류는 한국-말레이시아 교류의 소강기인 1970년대 들어서는 거의 사라지게 되었다. 비록 1979년 후세인 온 총리의 방한을 계기로 한국-말레이시아 관계가 회복됨과 동시에 교류가 재개되었으나, 교육 교류라는 측면에서 본다면 이전의 상황과 별다르지 않았다. 현재까지 양국 간의 교육 교류를 총체적으로 평가할 때, 비록 말레이시아 측의 일방적인 면이 있기는 하지만 가장 활발하던 시기는 마하티르 총리의 '동방정책' 시행 이후부터 1990년대 후반 경제 위기 전까지라고 평가할 수 있다. 한국-말레이시아 교육 교

류에서 '동방정책'의 효과 및 영향은 누구도 부정할 수 없을 만큼 지대
했다.

2. "동방정책"의 역할과 중요성

동방정책이 공식적으로 발표된 것은 툰 마하티르 모하마드(Tun Dr.
Mahathir Mohamad) 총리가 1982년 2월 8일 쿠알라 룸푸르의 힐튼호텔에
서 개최된 말레이시아-일본경제연합(Malaysia-Japan Economic Association,
MAJECA) 및 일본-말레이시아경제연합(Japan-Malaysia Economic Association,
JAMECA) 제5차 회의에서 처음으로 발표하면서였다. 그러나 이런 공식
적인 발표 이전에도 마하티르 총리는 1981년 7월 16일 총리직에 오른
후 줄곧 정부 주요 각료들과 이 정책의 시행에 대한 지속적인 회의를
가졌다. 마하티르 총리는 말레이시아 자국을 위한 장기적 비전과 명확
한 사명을 가지고 새로운 가치를 창조하고 공공 분야와 사기업 근로자
들 사이에도 새로운 가치를 창조하고자 했다. 이는 경제 발전을 가속
화하고 국가 생산성 향상을 위한 것으로서, 마하티르 총리가 확신하고
있는 국가 모델을 통해서 말레이시아 자국 근로자들이 성공적으로 근
로 환경에 적용을 한다면 말레이시아 국가발전을 이룰 수 있다는 판단
하에서였다.

　　마제카-자메카(MAJECA-JAMECA) 회의 동안 마하티르 총리는 한국
과 일본 근로자들의 열심히 일하는 자세와 헌신을 높이 치하하며 이는
두 국가들의 지속적인 경제 발전의 원동력이라고 평가했다. 이에 덧붙

여 마하티르 총리는 한국인과 일본인이 가지고 있는 근로 의식과 가치관, 직업 문화, 충성심과 여러 긍정적 가치들은 국가 발전에 있어 중요한 밑거름이라고 말레이시아 사회에 호소했다. 마하티르 총리는 개회축사에서,

> …… 우리는 두 국가의 급속한 발전의 근원이 의무감과 일에 대한 끊임없는 의지임을 깨닫게 되었습니다. 따라서 우리 말레이시아인들에게 동쪽을 보자고 물었을 때, 우리가 말하는 것은 여러분의 생활수준에 대한 것이 아닙니다. …… 우리가 관심 있는 것은 여러분들의 직업윤리 의식입니다.[83]

동방정책 실행 30년 후, 말레이시아가 특히 인적 자원 분야에서 다음 단계로 진일보하기 위해서는 한국과 함께 진행되었던 프로그램들을 지속성을 가지고 꾸준히 발전시켜야 한다는 결론이 도출되었다. 서울과 쿠알라룸푸르, 즉 한국과 말레이시아의 경제적 공동 성장이 기러기식 성장 이론 모델(Flying Geese model)[84]과 같이 양국가 모두에게 이익을 가져왔다는 점은 분명하다. 1979년 미화 4억 6천만 달러에 이르던 투자가, 2011년 1월부터 9월까지에만 360억 9천백만 링깃에 이를

83_1981년 2월 8일 쿠알라 룸푸르, 힐튼호텔에서 개최된 MAJECA와 JAMECA 회의에서의 연설.

84_기러기식 성장 이론(Flying Geese Growth Theory): 1930년대 말 일본의 경제학자 아키마스가 산업화 후발 주자인 아시아 국가의 경제 발전을 설명하기 위해 제시한 성장 이론이다. 한 나라의 산업화와 주변국으로의 산업 확산은 마치 기러기 떼가 날아오르는 것과 같이 확산된다는 이론이다.

마하티르 총리가 포항제철소를 방문, 당시 포철에서 연수중인 말레이시아 직원들을 만나 격려하고 있다. 1983년 8월.

정도로 증가했으며[85] 한국은 말레이시아의 6번째 무역 상대국이 되었다. 말레이시아에서 사업을 추진하고 있는 삼성, 현대와 같은 한국의 다국적기업들은 외국 직접투자 비용(Foreign Direct Investment, FDI)을 두 배로 늘렸으며 말레이시아 투자 부문에 있어 주요 기업체가 되어 있었다.

1983년 마하티르 총리는 한국 방문 중 한 연설에서 한국과 말레이시아 관계에 대해 다음과 같이 설명했다.

우리 양국 간의 우호적이고 친밀한 관계는 함께 나눈 이상과 영감 그리고 공

85_"Malaysia-Korea Trade Hits RM36.91b", *Business Times*, 이후 『비즈니스 타임스』로 표기, 2012/01/03.

동 관심사에 기초하고 있습니다. 개발도상국으로서, 우리는 생활수준을 향상시키고 우리 국민들의 삶의 질을 개선하는 것에 우선하고 있습니다. 우리 양국은 비록 다른 형태이기는 해도, 식민 지배에 있었던 경험이 있으며, 그리하여 자유와 독립의 가치를 높이 평가하고 있습니다. 우리는 지역적 그리고 국제적인 문제들에 대해 비슷한 의견을 갖고 있습니다. 비록 이런 문제들 하나하나에 똑같은 비중을 두고 있지는 않지만 세계의 평화와 안전에 관해서는 같은 공동체적 의견을 견지하고 있습니다.

여러분도 아시다시피 말레이시아에 동방정책을 도입했습니다. 이 동방정책을 시행함으로써 성공적인 발전을 이룬 한국과 일본과 같은 동쪽에 있는 국가들의 경험을 배울 것입니다. …… 우리는 한국의 경제 그리고 산업 발전을 성공시켰던 방안과 시도들을 채택하여 말레이시아에게 적용할 수 있을 겁니다. 내 생각에는 한국인의 일에 대한 마음가짐과 애국심 그리고 훈련이 대한민국의 경제적 기적을 이룰 수 있는 원동력이었다는 데에 한 치의 의심도 없습니다. 본인은 우리 노동자와 학생들이 한국에서 교육을 받도록 교육 프로그램을 제공한 한국 정부와 한국 민간 기업체들의 지원에 심심한 감사를 드립니다.[86]

마하티르 총리는 '동방정책'을 시작할 초기에 모델로 삼은 것은 '한국이 아닌 일본이었다'라고 밝혔다. 마하티르 총리는 2007년 '동방정책 성공 25주년 기념식'에서 '한국에 비해 일본은 이미 선진국으로 많은 발전 시설과 경제적 영향력을 구가하고 있었다. 따라서 '동방정책'

86_1983년 8월 9일 한국, 서울, 전두환 대통령이 주최한 만찬에서 다또 스리 마하티르 총리의 연설, 말레이시아 국가문서보관소(기록물 시리즈 No. 6423).

초기 단계에서 한국보다 일본에 초점을 맞출 수밖에 없는 것은 당연한 일이다. 따라서 인력 개발을 위해 한국에 파견한 인적 자원이 일본보다 적을 수밖에 없었다. 그러나 한국은 짧은 기간에 경제적 성장을 이루었고 이로써 한국을 모델 국가로서 선택하게 된 것이다.'라며 그 이유를 설명했다.

1) 왜 동방정책인가?

서구 국가들과의 관계를 우선으로 하는 말레이시아의 외교정책으로 인해, 한국과 일본을 말레이시아 경제발전의 모델로 삼는 동방정책은 초기단계에서 큰 지지를 얻지를 못했다. 이전 영국 식민지였던 말레이시아가 영연방연합을 통해 전통적으로 영국과 밀접한 관계에 있었고, 서구 국가들과의 관계를 맺고 있던 말레이시아로서는 그리 놀라운 일은 아니었다. 이와 더불어 외교 정책 입안을 주관하는 공공 분야와 민간기업 분야에서 고위직을 차지하고 있던 대부분의 사람들은 영국이나 외국 대학 출신자들이었기 때문이었다. 그러나 정책 선언이 발표되기 몇 달 전, 말레이시아와 영국은 영국에서의 수업료 인상, 마가렛 대처 총리가 '부정한 민족주의'로 비난한 말레이시아 정부가 사임 다비(Sime Darby), 거스리(Guthrie)와 같은 영국 대기업체를 인수, 그 외 1981년 10월에 일어난 '영국 제품 불매운동(Buy British Last) 정책 등으로 인해 양국 관계에 있어 심각한 문제들에 직면하면서 말레이시아 국내 분위기는 점차 반전되기 시작했다.

마하티르 총리는 서구 세계에 대한 불신과 비난을 공개적으로 하면서, 1981년 말 한국인과 일본인의 근로 의식을 말레이시아인들이 반드시 배워야 한다는 자신의 생각을 강조하기 시작했다. 이와 같은 생각은 1970년 마하티르 총리 스스로가 자신의 정치적 생명의 위험을 감수하면서까지 출판한 『말레이 딜레마』(*The Malay Dilemma*)에도 잘 나타나 있다. 이 서적에서 말레이인들의 문제점을 지적하기를,

> 말레이인들의 명예회복을 위해서는 과거 관습으로부터 완전히 단절해야 한다. …… 그리고 새로운 사고방식과 가치관으로 탈바꿈해야 한다. 도시화가 어느 정도 이런 변혁에 도움을 줄 수 있지만, 낡은 방식을 완전히 없애 버리고 새로운 아이디어와 가치관으로 바꾸려는 의식적인 노력이 동시에 이루어져야 한다.[87]

1982년 공식적인 선언 후, 마하티르 총리는 말레이시아인들은 말레이시아 발전을 위해 근로 의식과 자세, 영감, 방법과 기술을 배우고 적용하기 위해 한국과 일본을 바라봐야 한다고 거듭 강조했다. 마하티르 총리에 따르면, 동방정책의 주요 목표는:

> 말레이시아를 발전시키기 위한 노력으로서 동아시아의 발전된 국가들로부터 배우고 따라 하기 위한 기회를 제공하기 위해서이다. 직업윤리나 일본식의 가치관, 직장에서의 부지런함과 훈련, 애국심과 직장인들이 일하는 단체 혹은 기업체에 대한 충성심, 개인 이익보다 단체 우선주의, 생산성과 고품질 강조, 효율성 강화, 경영진과 노동자들 간의 차이와 격차를 좁히며, 직원들의 수입

87_Mahathir bin Mohamad(1970, 113).

과 분배금의 단기간적 증가를 강조하는 것이 아니라 장기적인 성과를 바라보는 경영 시스템과 같은 점들은 우리 말레이시아를 위한 발전에 공헌할 수 있다.

실제로 동방정책은 서구와의 경제 관계 단절을 의미하는 것이 아니라, 오히려 거의 모든 분야에서 항상 서구에 의해 지배되던 외교정책에 있어서 방향전환의 일환이었다고도 평가된다. 한국을 본다는 것은 또한 말레이시아가 한국 대학교로 학생을 보내고 또한 훈련생들이 한국의 기술원에서 훈련을 받고 전문 지식을 얻도록 하는 프로그램이 필요하다는 것을 의미했다. 이 문제에 있어, 한국으로 가게 될 학생들과 훈련생들에게 한국어 습득은 필수적인 문제였다.

3. 말레이시아에서의 한국 교육 현황과 유학사

한국과 말레이시아 국가 간의 교류사를 평가할 때, 문화 교류와 교육 교류의 확산기로 구분되는 1980년대는 문화 교류보다 교육 교류가 중심을 이룬다. 물론 한국-말레이시아 수교 20년의 역사와 한국의 대학교에서 말레이-인도네시아 학과가 개설된 것이 1964년인 점을 고려한다면, 말레이시아에서의 한국어 교육은 상대적으로 늦게 시작되었다.

1) 한국어 및 한국학을 통한 교육 교류

말레이시아 정부는 '동방정책'이 본격적으로 시행되는 1983년부터 한국과 일본과의 경제 교류를 확대함과 함께 두 나라로부터의 선진 기술과 근로 의식을 배우기 위해 공무원, 기술자, 학생 등을 파견하기 시작했다. 이에 따라 한국은 말레이시아 정부와 합의해 ① 산업 및 기술 훈련, ② 말레이시아 정부 중견 관리 단기 교육, ③ 대학 교육 및 기술 교육, ④ 교육·훈련 및 연구 기관들의 상호 교류 및 유대 강화 등 4개 분야에 걸쳐 지원 사업을 시행하기로 합의했다. 그러나 한국에서의 교육 및 연수가 효율적으로 진행되기 위해서는 제일 먼저 시급한 것이 바로 언어적 문제를 해결하는 것이었다. 1984년 말레이시아 정부는 동방정책의 첫 번째 정부 장학생 21명을 선발했는데, 이 학생들은 전국 각지에서 뽑힌 공과전문대생으로 한국 대학교의 3학년에 편입해 학업을 계속했다. 이 학생들을 필두로, 이후 추가로 선발된 37명의 학생들은 한국에 보내기 전에 마라공전(Institute of MARA, Institut Teknologi MARA, ITM)에서 9개월 동안 한국어 과정을 습득했다. 한국 정부는 말레이시아 정부의 요청에 따라 정부 선발 학생들의 한국어와 공과 계통의 기본 지식을 위해 국어, 수학, 물리, 화학 전공 교사를 파견했다.

이런 한국어 과정이 정부가 선발한 학생들만을 위한 제한된 한국어 교육이었다면 말라야대학교(University of Malaya, Universiti Malaya, UM), 말레이시아 국립대학교(National University of Malaysia, Universiti Kebangsaan Malaysia, UKM)에 개설된 한국어 강좌는 장기적인 안목에서 일반 대학생들을 위한 한국어 교육이었다. 1985년을 전후로 이 두 대학교에 개설된 한국어 강좌는 마라공전에 파견한 교사들처럼 일반 중, 고등학교 교사 혹은 정부 직원에 의해 운영되다가 차츰 한국의 대학교에서 파견된 교수로 대체된다. 학술진흥재단이 파견 교수를 위해 일부 경제적 지원을 했으나 1995년 이후 재단 담당자의 내부적 문제로 인해 지원이 중단되었다. 그러나 한국 정부 측으로부터의 교사, 교수 파견과 함께 교과서와 언어 실습 테이프, 한국 역사, 문화 관련 서적 및 한국 소개 영상 매체의 지원은 지속되었다.

초창기 2개의 대학교와 전문대, 즉 말라야대학교와 말레이시아 국립대학교 그리고 마라공전[88]에 개설된 한국어 과정이 말레이시아 고등교육 과정에 정식 교과 과목으로 선정되었다는 점은 교육 교류사적으로 그 의의가 자못 크다. 그러나 당시 말레이시아 정부가 적극적으로 한국과의 기술 연수 및 교육 교류를 추진했음에도 불구하고 9개의 국립대학교 가운데 상위 1, 2를 다투던 2개 대학에서만이 강좌를 개설했을 뿐, 1990년대 초까지 그 어떤 대학도 과정을 개설하지 않고 있었다는 점은 언뜻 이해가 가지 않을 수 있다. 여타 대학교에서 한국어 강좌를 개설하지 않거나 못한 배경으로는 두 가지 이유가 있었던 것으로 파악된다. 즉, 비록 정부에서 적극적으로 한국과의 교류를 추진하고 있었음에도 영국식의 의결 처리 방식에 깊이 영향을 받아 왔던 대학교 행정 시스템 그리고 강사 확보의 어려움 때문이었다. 학과목의 개설은 강사의 확보 후에 의논 및 의결 과정을 거치는데, 말라야대학교와 말레이시아 국립대학교의 경우 한국에서 파견된 강사진을 확보한 상태였기에 과목 개설이 용이했으나 다른 대학교들의 경우 설령 한국어 과

88_마라공전은 이후 마라공과대학교(University of Technology MARA, Universiti Teknologi MARA, UiTM)로 개칭했다. 1991년 말레이시아를 방문한 노태우 전 대통령이 미화 1백만 달러를 기증해, 1998년 "한국 센터"가 설립되었다. 그러나 아쉽게도 건물만 있을 뿐 실제적인 활동은 거의 없는 것으로 확인되었다.

정을 개설하려는 의지가 있다 해도 가장 시급하고 기본적인 사항인 강사 확보가 되질 않아 어려웠던 것이다.

강사의 확보 문제는 말레이시아에서 한국어 교육의 존폐 혹은 활성화 가능성의 유무와 직결된다. 예컨대 말레이시아 전체로 볼 때 네 번째로 한국어 강좌를 개설한 말레이시아 뿌뜨라대학교(University of Putra Malaysia, UPM)[89]와 말레이시아 과학대학(University of Science Malaysia, Universiti Sains Malaysia, USM)을 그 예로 들 수 있다.[90] 말레이시아 푸트라대학교의 경우 1990년대 초에 한국어 강좌를 개설했으나, 한국인 강사가 개인적인 사정으로 귀국하자 폐강이 되었다. 이후 푸트라대학교의 요청으로 1994년 말레이시아 국립대학교 교수가 한국어 과정 및 한국 문학 프로그램을 다시 만들어 강의를 시작하는 동시에 후임을 구해 한국어 과정을 유지시킬 수 있었으며 인기 과정으로 발전되었다. 강사의 유무에 따라 폐강되었다가 다시 개강되는 경우는 위의 두 대학은 물론 여타 대학들에서도 공통적으로 겪는 문제이기도 하며, 말레이시아의 대학교들에 나타나는 이와 같은 현상은 1990년대뿐만 아니라 2000년대 그리고 현재에도 지속되고 있어 이에 대한 해결 방안이 절실하다.

앞서 언급되었듯이 1980년대의 2개 대학교와 1개 전문대, 1990년대 2개 대학교 그리고 2000년대에 들어서면서 2003년에 뚠 후세인 온

89_1973년 말레이시아 농과대학교(University of Agriculture of Malaysia: Universiti Pertanian Malaysia, UPM)로 개교, 1997년 개칭함.

90_사바 주에 있는 말레이시아 사바대학교(Universiti Sabah Malaysia)도 일시 개설되었다가 강사의 부족으로 폐강했다.

공과전문대학교(College University of Technology Tun Hussein Onn: Kolej Universiti Teknologi Tun Hussein Onn, KUiTTHO),[91] 2005년 이후 말레이시아 북부대학교(University of North Malaysia, UUM)에 개설된 한국어 과정들을 통해 말레이시아 대학생들은 한국어는 물론 다소나마 한국 문화, 역사 등에 대한 지식을 얻을 수 있었다. 또한 이전까지의 미미했던 교육 교류가 대학교를 중심으로 잠차 확대되기 시작했다.

각 대학교의 말레이시아 대학생들에 한국에 대한 교육을 담당했던 한국어 강좌는 대학교마다 단과대학, 센터 등 소속에 있어 다소 차이가 있다.[92] 그리고 강좌의 내용이 한국어 교육에 목표를 두고 있으나 강좌 과목명은 조금씩 달리 하는데, 이는 대학교마다 정책적으로 과목명을 같지 않게 하는 독특한 대학 문화에 의거한다. 그렇지만 기본적으로 각 대학교들의 한국어 강좌는 초급 혹은 기초 한국어, 중급 한국어, 고급 한국어 또는 숫자로 명기하는 한국어 1, 2, 3, 4 등의 과목명으로 개설되어 있다. 1980년대 중반 이후부터 1990년대 중반까지의 한국어 교육 현황에 대한 자료는 남아 있지 않기 때문에 구체적인 설명은 할 수 없으나 1990년대 초반까지 말레이시아 국립 대학교와 말라야대학교에서 한국어를 수강했던 학생 수는 20~30여 명이었던 것으로 파악된다. 1990년대 중반부터 2005년까지 11년간의 각 대학교에서 한국어를 수강한 학생 수는 〈표 9〉와 같다.

91_이후 말레이시아 뚠 후세인 온 대학교(Universiti Tun Hussein Onn Malaysia)로 개칭.
92_말레이시아의 한국어 및 한국학 현황에 대한 자세한 사항은 류승완·김금현(2005, 275-299) 참조.

표 9 | 각 말레이시아 대학교 한국어 강좌 수강 학생 통계(1995~2005년)

대학교	1995	1996	1997	1998	1999	2000	2001	2002	2003	2004	2005
말라야대학교	-	-	40	70	70	80	120	95	101	159	133
말레이시아 국립대학교	149	214	188	175	108	122	160	205	342	364	328
말레이시아 뿌뜨라대학교	-	120	120	140	140	140	180	230	280	146	205
마라공대	-	-	-	-	130	120	100	150	150	180	200
말레이시아 북부대학교	-	-	-	-	-	-	-	-	-	-	119
뜬 후세인 온 공과대학교	-	-	-	-	-	-	-		60	30	0[93]

출처: 류승완(2007, 207).

거의 대부분 대학교에서 한국어를 담당하는 교수 혹은 강사의 숫자는 1명 내외였으며, 언어교육의 특성상 한 강좌의 적정 학생 수 10~20명일 경우 한 명의 교수/강사가 담당하는 강의 시간은 버거운 수준으로 파악된다. 또한 공통적으로 각 대학마다 외국어 강좌 가운데 인기 강좌는 일본어였으며, 수강 신청을 하기 위해서는 학생들이 새벽부터 담당 교수의 연구실에 진을 치는 경우가 많았다. 그러나 말레이시아 국립대학교의 경우 2003~05년까지 한국어강좌가 일본어 강좌보다 많은 학생들이 등록해 외국어 강좌 가운데 가장 인기 있는 강좌로 선정되었다.

말레이시아의 고등교육기관, 즉 국립대학교들의 경우 공공연한 대외비이지만 인종 쿼터 시스템이 적용되고 있다. 이 쿼터 시스템에 따라 각 대학교마다 받는 신입생의 인종별 분포로 보면 말레이계

93_타 단과대학 교원의 상호 교류를 금지하는 대학 규정 변경으로 한국어 강좌를 담당하던 공과대학 강사가 더 이상 강좌를 못 맡게 되자 일시 폐강됨.

표 10 | 각 대학교 한국어 등록 학생 인종별 현황(1995~2005년)

대학교	말레이계	중국계	인도계
말라야대학교	15%	85%	-
말레이시아 국립대학교	14%	85%	1%
말레이시아 푸트라대학교	5%	95%	-
마라공대	100%	-	-
말레이시아 북부대학교	8.4%	89.1	2.5%
툰 후세인 온 공과대학교	5%	95%	

40~45%, 중국계 30~35%, 그리고 인도계가 15~20% 등으로 구성되어 있다. 그러나 한국어를 등록한 학생 분포를 보면 대부분의 학생들은 중국계, 말레이계 그리고 인도계 순이며, 마라공대의 경우 학교 성격 상 말레이계 학생들이 거의 대부분이라 2005년까지는 거의 100%의 한국어 수강 학생들이 말레이계 학생들이었으나 현재는 점차 다른 인종계 학생들도 듣고 있다. 아쉬운 것이 있다면 학생 구성 비율로 볼 때, 인도계 학생들의 숫자가 현저히 적고 인종별 편차가 크다는 점이다.

최근 2014년까지 말레이시아에서의 한국어 교육 실태를 살펴보면 2000년대 후반에 한국어 강좌를 개설한 말레이시아 공과대학교 (University of Technology Malaysia, Universiti Teknologi Malaysia, UTM) 를 포함한 8~9개의 국립대학교들과 5~6개의 사립 대학교들에서 한국어 교육이 이루어지고 있으며 각 대학교당 적게는 50여 명, 많게는 150~200여 명의 학생이 수강하고 있다. 학생 인종별 구성을 보면 〈표 10〉과 비슷한 분포율을 보이나 인도계 학생들이 거의 없는 것으로 조사되었다.

한국-말레이시아 수교가 50년이 넘었음에도 말레이시아에 한국어 학과가 개설되어 있는 곳이 없다는 사실은 참으로 아쉽다. 그러나 그 나마 다행인 것은 말라야대학교에 한국학 프로그램이 개설되어 한국

표 11 | 말라야대학교 한국학 전공, 부전공 학생 현황(1996~2005년)

년도	전공 학생 수			부전공 학생 수
	1학년 등록생 수	2학년	3학년	
96/97	5	-	-	-
97/98	13	3	-	2
98/99	20	2	3	11
99/00	20	5	2	15
00/01	21	6	5	14
01/02	-	6	6	15
02/03	-	-	7(6+1)	15
03/04	19	-	3(0+3)	-
04/05	15	10	-	9
05/06	16	8	10	9

출처: 류승완(2007, 193).

전공 학생을 배출하고 있다는 점이다. 1996년 안와르 이브라힘 부총리가 동아시아의 중요성을 강조하면서 사회·인문대학에 동아시아 학과가 신설되었고, 한국학은 일본학, 중국학과 함께 하나의 프로그램으로서 개설되었다. 한국학 프로그램 전공, 부전공 학생들의 한국어 교육은 언어 대학의 한국인 교수가 담당하고 한국 경제, 정치 등의 강의는 현지 강사와 한국국제교류재단 파견 교수가 맡고 있다.

한국학 프로그램 진흥을 위해 말레이시아에 진출한 삼성, 대한항공 등의 한국 업체들이 장학금과 교재 구입비 등의 경제적 후원을 하고 있다. 또한 졸업 후, 한국 유학 기회나 한국 업체의 취업 등은 학생들로 하여금 한국학 프로그램을 선택하는 데 있어 하나의 동기부여가 되고 있다. 그러나 여타 프로그램에 비해 많은 혜택을 제공함에도 수치상으로 나타나는 학생 수는 〈표 11〉과 같이 많지는 않다.

주변 국가들과 비교할 때, 한국학을 전공, 부전공으로 선택하는 학생 수는 현저히 적다. 근본적으로 대학 측에서 학과에 할당한 학생 정원수가 적은 것이 가장 큰 원인인데, 해당 학과의 담당 교수나 강사의 활동력 또는 한국에서 파견되는 한국 교수의 지원 및 교수의 역량 등에 큰 영향을 받는다는 것도 하나의 이유이다. 2001년, 2002년 통계에서 보듯이 등록한 학생이 전혀 없던 것도 이런 연유에서이다. 2005년까지 대부분 학생들은 중국계 학생들이었으나 그 이후로 말레이계 학생들이 크게 늘어나고 있는 점은 고무적인 일이다.

한국어 강좌와 한국학 프로그램을 통해 말레이시아 학생들을 교육하는 것은 앞으로 한국과 말레이시아 양국 간의 문화와 교육 교류에 있어 인적 자원을 개발하는 것과 같다고 평할 수 있다. 물론 대학 내 강의실에서 하는 교육으로 한국에 대한 모든 교육을 시킬 수는 없다. 따라서 각 대학교마다 한국어 및 한국학 프로그램 담당 교수들은 '한국의 날', 한국 문화 축제', '세계 문화 축제' 등과 같은 다채로운 한국 체험 문화 행사들을 벌여 간접적인 문화와 교육 교류를 이끌어 왔다.

대학 내에서 해당 대학생과 교직원들을 대상으로 한 활동 외에도 전체 말레이시아 학생 혹은 일반인들을 대상으로 하는 거시적인 교육, 문화적 교류 활동도 꾸준히 있어 왔다. 말레이시아 전역을 대상으로 한 최초의 교육 및 문화 행사는 1995년에 시작되었다. 주 말레이시아 대사관이 주관해 개최한 "한국 에세이 콘테스트"는 말레이시아 전국의 학생과 일반인들을 대상으로 한 문화, 교육 교류 행사였다. 제1회 (1995)와 제2회(1996) 대회는 말라야대학교에서 제3회(1997)와 제4회 (1998) 대회는 말레이시아 국립대학교에서 개최되었고 2000년까지 매년 2백~3백여 명이 참가해 한국에 대한 지식과 함께 문장 솜씨를 겨루었는데, 현지 신문에서도 관심을 가지고 크게 다룬 행사였다. 또한 1997년 말레이시아 국립대학교가 한국 대사관의 협조로 개최한 "홈스테이 프로그램"은 이전까지 전혀 없었던 생소한 행사로 기록되기도 했다. 말레이시아 국립대학교 한국어 수강 학생들 가운데 20명이 한국 대사관 직원들의 집에 나뉘어 1박 2일로 한국 문화를 체험했는데, 이 학생들은 한국 가족들과 함께 한국 음식, 윷놀이, 한복 입기, 노래방 가기 등을 경험하는 좋은 체험을 가졌다. 참가했던 경제부 학생인 마슬린다 목타(Maslinda Mokhta)는

강의실에서 배우는 문화와 언어를 이 체험을 통해 더욱 피부로 느낄 수 있어서 좋았습니다. 한국의 문화 체험을 통해서 우리나라에 외국 문화가 이렇게 같이 공존하고 있다는 것을 알게 되었던 경험이었습니다.[94]

2000년까지 열렸던 "한국 에세이 콘테스트"가 한국에 대한 주제를 말레이시아어를 사용해 문장력과 한국 지식을 겨룬 대회라면, 2006년부터 개최된 "한국어 말하기 대회"는 한국어 능력을 겨루는 대회이다. 한국국제교류재단, 대한항공, 삼성 등의 한국 기업체가 후원하고 주말레이시아 한국 대사관이 주관하는 대회로서 매년 참가자 수와 한국어 수준이 높아지고 있다. 이 외에도 초창기 말레이시아 국립대학교, 말라야대학교, 말레이시아 푸트라대학교 학생들만이 응시하던 "한국어 능력 시험"은 한국어 수강의 동기부여뿐만 아니라 보급에도 큰 역할을 하고 있다. 2005년 제9회 시험을 시작으로 말레이시아 국립대학교가 주관을 해오고 있으며 현재는 일반인들은 물론 고등학교 학생들까지 신청해 점점 시험 응시자들이 다양화되고 있다. 특히 중급 및 고급 시

94_Utusan Malaysia, 이후 『우뚜산 말레이시아』로 표기.(1997/04/11, p.6.).

험에 등록하는 말레이시아 응시자들 수가 점차 증가하고 있는데, 2012년(28회)을 기점으로 중급 응시자 20명 가운데 한국(1명), 미국(1명), 일본(1명)을 제외한 17명이 말레이시아인이며 고급에도 3명의 말레이시아인이 응시하여 수준이 높아지기 시작해서, 2014년(36회)에는 중고급 TOPIK 2 신청자 가운데 한국 학생 23명과 중국학생 1명을 제외한 56명이 말레이시아인이었다.

2) 한국에서 말레이시아로의 유학사 및 현황

학문적 발전과 인재 양성이라는 차원에서 교육 교류가 정착된 것은 말레이시아의 '동방정책' 시행에서였다. 물론 1980년대 이전까지 외교 수교 20년 역사 동안 양국 간에 교육 교류가 전혀 없었던 것은 아니었다. 교육 교류사에서 볼 때, 최초로 교육 교류를 위해 앞장선 나라가 한국이 아닌 말레이시아였다는 점 또한 주지할 만한 역사적 사실이다.

1965년 뚠꾸 압둘 라흐만 총리의 초청으로 5명의 한국 학생들[95]이 8월 말부터 10월 말까지 8주 동안 말레이시아에서 유학할 수 있는 기회를 가졌다. 이 학생들은 말라야대학교에서 한 달간 말레이학을 배웠으며, 한 달간은 말레이시아 지역 방문의 기회를 가졌다. 당시 교환학생으로 참가한 한 한국 유학생은 말레이시아에서의 유학 생활 소감을,

---

95_남학생 3명과 여학생 2명으로 구성된 한국 유학생들의 이름은 Lee Chin Hyu, Park Kyung Ja, Chun Kei Ja, Kim Myoung Soo, Yang Seung Doo이다. 추정컨대 영문 이름에서 몇 오류가 있는 것으로 보인다. 『말레이 메일』(1965/10/24).

말레이시아 학생들은 매우 친절했으며 사교적이고 또 학구적인데 우리도 이들을 초청해 한국 대학교의 생활을 갖게끔 하고 싶다.

라고 현지 신문 인터뷰에서 밝혔다. 이와 같은 교환학생 프로그램 외에도 말레이시아 정부는 한국 학생에게 말레이시아에서 말레이어를 배우도록 정부 장학금을 지원하겠다는 계획을 발표했으며, 모하메드 빈 이스마일 모하메드 유소프(Mohamed Bin Ismail Mohamed Yusoff) 주한국 말레이시아 대사는 "말레이시아 정부는 정부 장학금 지원 외에도 만약 한국이 원한다면 말레이어를 가르칠 전문 인력을 한국으로 파견할 수도 있다"고 밝혔다. 그는 또한 한국에서 말레이시아어를 가르칠 수 있는 기회가 생긴다면 양국 간의 관계 발전에 큰 도움이 될 것이라고 언급했는데, 이는 학생 교환 프로그램을 통해 한국과 말레이시아 양국의 문화와 교육 교류를 확대 발전시키고자 하는 말레이시아의 의지와 노력을 엿볼 수 있는 계획이었다.

위의 학생 초청을 통한 교육 교류는 1968년에도 이루어졌다. 한국의 대학생 5명(남학생 3명, 여학생 2명)이 7월 14일부터 4주 동안 대학 특강 수강 및 말레이시아 방문을 위해 초청받아 왔다. 첫 2주간은 말라야 대학교 학생회의 주관으로 말라야대학교의 의과대학과 대학병원, 서르당 농과전문대(Serdang Agricultural College) 등을 방문했다. 3주와 4주째는 뻬락, 페낭, 클란탄, 파항, 조호르와 말라카 주들을 방문했는데, 말레이시아 교육부는 각 주에 파견된 교육부 국장들로 하여금 한국 학생들을 일일이 챙기도록 지시하는 등 한국 유학생들을 위한 많은 배려를 하기도 했다.

1969년 말레이시아 최초로 말레이시아 국왕이 한국을 방문했던 것은 앞서 언급한 바 있다. 비록 학생, 교수 등의 교육 분야와 관련이 없지만 정부 혹은 대학 차원의 교류로 볼 때, 국왕과 왕비에게 학위를 수여한 것은 또 하나의 다른 교육 교류로 볼 수 있다. 이스마일 나시룻 딘 샤(Ismail Nasiruddin Shah) 말레이시아 국왕은 1969년 4월 30일 서울대학교를 방문했으며 서울대로부터 명예 법학 박사 학위를 수여받았다. 또한 같이 동행해 한국을 방문한 왕비는 이화여자대학교부터 명예 학위를 수여받았으며, 대학 측에서 마련한 특별 강연에서 아시아 여성의 지위와 역할 중요성을 강조하였으며 한국의 여성 지성인들과도 교류의 시간을 가졌다.

1980년대 초기부터 1990년대까지는 말레이시아가 이공계 계통의 유학생 및 정부 기관 직원 그리고 훈련생들을 한국에 보내는 일방통행 식의 교육 교류가 이루어졌다. 이후 1980년대 말부터 말레이시아에 유학을 오는 학생들이 소수나마 늘어나기 시작했다. 이 한국 유학생들의 대부분은 대학교 석, 박사과정을 위해 오는 경우가 대부분이었으며, 자연히 교육기관은 대학교에 한정되어 있었다. 당시 한국 유학생들은 한국외국어대학교 출신으로 어학, 문학 그리고 말레이학 전공을 위해 유학 왔으며 등록한 대학교는 말라야대학교와 말레이시아 국립대학교 2개 대학이었다. 2000년대에 이르러 학부생들의 교환 프로그램이 활성화되면서 한해에 2~3명 정도의 한국 학부생들이 유학을 오기 시작했다. 이런 학생 교환 프로그램 또한 한국외대 마·인어과 학생들이 주류를 이루었다.

1980년대 말부터 시작된 한국 정부 파견 공무원 유학생들은 대략 1~2명 정도였으며 순수한 교육 목적보다도 정부 대 정부 간의 교류 협정으로서 연수의 의미가 강했다. 정부 부처도 육군 혹은 공군 장교였으며 간혹 농업진흥청의 직원이 2년 기간으로 연수 목적으로 말레이시아에 파견 나오기도 했다. 1990년대 중반부터는 파견 연수생의 숫자가 늘어났으며 연수생이 속한 정부 부처도 다양해져 갔다. 통일부, 법무부, 경제기획원, 공정거래위원회 소속의 직원들이 2년간의 말레이어 연수 및 본인이 원하는 석사과정에 등록해 학위 과정을 받기도 했다. 이 한국 파견 연수생들이 등록한 대학교는 말라야대학교와 말레이시아 국립대학교였으며, 2000년대 중반에는 통계청, 문화재관리청 그리고 한국관광공사 직원이 석사과정 혹은 언어 연수 과정을 말레이시아 국립대학교에서 받았다. 이런 한국 정부 직원들의 2년 단기 연수 과정은 현재도 진행되고 있다.

이와 같은 대학 학부 과정 이상 석사, 박사과정의 유학 외에도 1990년대 중반부터는 새로운 양상의 교육 교류가 시작된다. 그것은 바로 한국에서 붐이 일었던 초등, 중등 그리고 고등학생들의 해외에서의 조기 영어 유학이었다. 한국의 부모들이 해외에 대한 지식이 밝지 않던 초기에는 미미한 숫자의 학생들이 유학을 왔으나, 말레이시아가 비록 말레이시아어를 국어로 사용하나 영어권 국가로 인식됨과 동시에 주변 동남아시아 국가들에 비해 경제, 문화 수준이 높고 치안이 안전하다는 평가로 인해 한국 유학생의 유입이 급격히 늘어나게 되었다. 더욱이 1990년대 후반 불어 닥친 한국의 경제 위기는 한국 유학생의 기하급수적인 증가를 가져왔다. IMF로 인해 미화 반출의 문제와 원화의 가치가 떨어지자 말레이시아보다 상대적으로 물가가 비싼 주변 국가인 호주와 싱가포르에 있던 한국 유학생들까지 말레이시아로 유입되었기 때문이다. 통계에 따르면 유학생의 숫자가 대략 2,000명으로 추정되나[96] 실제 현재 한국 유학생의 숫자는 3천~4천 명 정도로 추산

교육기관	사립 고등 교육기관	공립 고등 교육기관	총계
학생 수	38	923	961

주: 유효 학생 비자를 소지한 국제 학생 수(2008년 12월 31일 기준).
출처: 국제학생통계표, 말레이시아 이민국 통계자료.

되고 있다. 예컨대 〈표 12〉와 같이 학생 비자로 사립, 공립 고등교육 기관에서 공부하고 있는 한국 유학생 수는 총 961명이다.

　말레이시아의 수도 쿠알라 룸푸르에 개설되어 있는 주말 학교인 말레이시아 한국인 학교 등록 학생 수가 2008년 기준으로 450명(2012 년 540명), 그 외 페낭, 조호르, 사바, 사라와 등에 개설되어 있는 한글 학교 등록 학생 그리고 쿠알라 룸푸르를 중심으로 도심 주변에 거주하 는 한국인 학생들의 3분의 1 정도만 한인 학교에 다니는 것으로 확인 되었는데, 이런 초등, 중등, 고등학생들을 비롯해 일반 전문대에 다니 는 학생들을 합치면 앞서 추산한 한국 학생 수와 비슷해진다. 한국 학 생들의 말레이시아 유학 세대는 세 단계로 나누어진다. 초창기인 1980년대 이전에 이주한 부모와 함께 온 세대, 1980년대 말 건설 붐으 로 인해 현대, 삼성 등의 대기업 및 중소기업 파견 부모의 자녀 그리고 2000년대 영어 조기교육과 트윈 시스템을 운영하는 외국계 대학교에 다니기 위해 온 유학생들이다. 현재 영어 조기교육과 전문대 그리고 트윈 시스템 대학 과정에 있는 학생들이 다니고 있는 학교들은 대부분 이 국제 학교 그리고 외국계 학교들이다. 대표적인 학교들로는 쿠알라

96_위키피디아.

룸푸르 국제학교(International School of K.L: ISKL), 페어 뷰 국제학교IS
(Fairview International School: FIS), 세이폴 국제학교I(Sayfol International
School: SIS), 가든 국제학교IS(Garden International School), 앨리스 스미
스학교(Alice Smith School), 테일러 대학(Taylor's College), 말레이시아
모나쉬 대학교(Monash University Malaysia), 말레이시아 노팅햄 대학교
(The University of Nottingham Malaysia) 등이 있다. 다른 국가에 유학하
고 있는 한국 학생들과 마찬가지로 말레이시아에서도 비록 전체 가족
이 같이 거주하고 있는 경우가 대부분이지만 편모 혹은 편부 심지어는
자녀만 말레이시아에 보내 유학을 시키는 학생 수도 점차 증가하고 있
다. 과거 대학교, 대학원 유학생이 주류를 이루었다면 현재는 초, 중,
고등학교 과정에 있는 학생이 전체 유학생의 70~80%를 차지하고 있다.

4. 한국에서의 말레이시아 교육 현황과 유학사

1) 말레이시아어 및 말레이학 교육 현황

한국과 말레이시아가 상대국에 대한 학문 연구과정을 개설한 곳은
고등교육기관 즉 대학교였다. 동방정책 이후 1980년대 말레이시아가
한국을 배우자는 취지로 말레이시아 학생들에게 교육시킨 것은 한국
의 과학과 기술이었고 대학교에 교양 외국어 과목으로 개설된 한국어
는 이런 과목을 배우기 위한 기초 과목이었다. 그러나 한국은 그보다
20여 년 전부터 말레이시아에 대한 교육을 시작했다. 정확하게는 말레
이시아와 인도네시아에 대한 학문으로 한국외국어대학교가 1964년

한국과 말레이시아 교육부와 한국에서의 말레이학 교수직 개설 자매결연식, 왼쪽부터 다뚝 줄키플리 하산 교육부 총무처장, 다뚝 스리 모하메드 칼리드 노르딘 교육부장관, 박철 한국외국어대학교 총장, 2008년 4월 29일.

말레이·인도네시아어과를 개설하면서부터이다. 말레이시아의 한국에 대한 교육이 기술과 과학 분야에 한정된 것과는 달리 한국에서는 말레이시아와 인도네시아에 대한 기본적인 언어는 물론 역사, 정치, 경제, 문학 그리고 사회 문화에 대한 심도 높은 교육이 이루어졌다. 2014년까지 마·인어과가 개설된 이래 약 1,400여 명의 졸업생이 배출되었으며 한국, 말레이시아 그리고 인도네시아에서 정부 기관, 대학, 기업체에 근무하며 외교, 교육 그리고 경제 분야 등 다방면에서 중요한 활동을 하고 있다. 말레이시아와 인도네시아를 전공으로 학부에 개설하고 있는 대학교는 한국외대와 부산외대(마·인어과 1981년 개설)이며, 관련 학문을 교육하는 곳은 영산대학교의 아세안 비즈니스 학과가 있다. 이들 대학교는 각각 말레이시아 대학교들과 자매결연을 맺어 학생 교환 프로그램과 학술 대회를 통해 활발한 교육 교류를 하고 있다. 특히 한국외대의 경우 말레이시아 교육부와 자매결연을 맺고 마·인어 과에 말레이학 교수직을 설치해 교원 교환 프로그램을 운영 중인데,[97] 2013년까지 말레이시아 국립대학교의 사회·인문대학 언어 센터 소속 의 교수가 초빙되어 한국 학생들에게 강의를 하였다.

2) 말레이시아에서 한국으로의 유학사 및 현황

최초로 말레이시아 학생이 유학의 목적으로 한국을 방문한 것은 1966년으로 단기 학생 교환 프로그램이 운영되면서였다. 말레이시아 정부는 1965년 뚠꾸 압둘 라흐만 총리의 방한시에 맺은 한국과의 문 화 교류 프로그램 실천을 위해 10명의 학생들을 선발해 1966년 10월 30일 한국으로 보냈다. 인체 모하메드 조하리 키르 교육부장관이 밝힌 선발 기준에 따르면, 가급적 남·녀 학생들의 비율과 말라야대학교, 기 술전문대학, 농업전문대 그리고 고등학교 학생들로부터 신청을 받아 균등한 비율로 선발했다. 30여 명의 1차 선발에서 최종 선발된 학생들 가운데 7명이 남학생, 3명의 여학생이며 학생들의 출신 학교는 위의 순서대로 말라야대학교 학생 그리고 기술전문대 학생 등으로 구성되 었다. 이 학생들은 3주 동안 한국의 대학과 교육 관련 시설을 방문했 다. 당시 최규하 한국 대사는 말레이시아 현지 신문과의 인터뷰를 통

97_말레이시아 교육부와 한국외대가 말레이학 교수직 파견 MOU를 맺은 것은 2008년이나 파견 교수 선정 문제로 인해 실제로 한국에서 강의를 시작한 것은 2010년 11월부터였다.

해, 한국 정부는 섬유직, 농업조합 그리고 교육행정 분야에서 2달 동안의 연수를 할 3명의 말레이시아 연수생에게 기술 연수비 지원을 할 것이라고 밝혔다. 이와 같은 단기 학생 교환 프로그램은 매년 문화 및 교육 교류의 명목으로 운영되었으며, 말레이시아 정부가 현지 대학 학생들을 해외로 보내는 외국 연수 프로그램에 한국도 포함시켜 교육 교류가 보다 확대되었다. 일례로, 말레이시아 정부는 말라야대학교 경제학부생 21명을 1969년 2월 11일부터 약 한 달간 아시아 국가 방문 연수를 보냈다. 이 학생들은 일본에서는 산업 시설 및 공장 견학, 대만에서는 농경 시설 그리고 한국을 포함한 태국, 홍콩에서는 산업 개발 지역을 방문했다.

앞서 언급했듯이 1960년에서 1980년대까지 최소한 1년에서 2년 이상 한국에서 유학하는 프로그램은 활성화되지 못했다. 진정한 의미에서 교육 교류가 활성화된 것은 1980년대에 들어서면서였으며, 장기적인 교육 교류의 목적으로 학생을 보낸 것은 말레이시아였고 말레이시아 내의 한국어 및 공과 관련 교육을 위해 교사를 파견한 것은 한국이었다.

말레이시아에서 한국으로의 유학사에서 가장 교류가 활발하고 중요한 비중을 차지하는 시대는 1980~90년대 말이었다. 20여 년간의 교육 교류 가운데 대부분의 프로그램은 한편으로는 1990년대 후반에 닥친 양국의 경제 위기로 인해, 그리고 다른 한편으로는 프로그램의 기능상의 목적이 다 했다는 판단하에 중단된다. 경제적 위기에도 전문대 기술 훈련생 양성을 위한 교류 같은 경우는 양적 교류의 축소 경비 절감 방안으로 유지했고, 일부 프로그램은 경제 회복으로 인해 재개되었다. 현재까지 지속되고 있는 교육 교류는 기술, 엔지니어링, 과학 분야

주말레이시아 한국 대사관에서 2012년 6월 22일 개최된 "동방정책 30주년 말레이시아 기술 연수생 및 한국 정부 초청 장학생 총동창회." 동방 정책 30주년을 기념해서 열린 이 행사에 이용준 주말레이시아 한국 대사(앞줄 가운데 왼쪽) , 서필언 행정안전부 제1차관(앞줄 가운데 오른쪽)이 한국에서 연수했던 말레이시아 공무원들과 찍은 기념사진. 이 행사에 삼수딘 오스만(Tan Sri Samsudin Bin Osman) 푸트라 자야 공사 회장, 사라야 아르비(Saraya Arbi) 공공행정처 부처장, 로슬리 비딘(Rosli Bin Bidin) 공공행정처국장 참석.

대학생 교환 프로그램과 공무원 양성 과정 등을 통해 1980년대만큼은 아니지만 지속되고 있다.

중앙공무원교육원에서 담당하고 있는 "말레이시아 공무원 과정" 은 1984년 이래 현재까지 지속되고 있는 교육 교류 프로그램이다. 이 "말레이시아 공무원 과정"은 1984년 처음 개설되어 1997년까지 매년 2개 과정으로 운영되었으나, 앞서 언급했듯이 1998~99년 말레이시아 의 경제 사정으로 일시 중단되었다가 2001년부터 말레이시아 정부의 요청으로 재개되어 현재는 연 3개 과정(초, 중, 고급 관리자)으로 운영되 고 있다. 2012년 8월까지 1,247명(총 63기 1,238명과 말레이시아 국립행정 연수원 간부 9명 포함)의 말레이시아 정부 공무원들이 이곳에서 연수를 마쳤다.

기수마다 20여 명의 말레이시아 공무원들이 2주 동안 ① 한국의 국가 발전 전략 및 한국에 대한 이해 제고, ② 한국 정부의 정책 사례 학습 및 행정관리 능력 개발, ③ 정책 사례 기관 방문 및 산업 시찰을

표 13 | "말레이시아 공무원 과정"을 수료한 말레이시아 공무원 통계(1984~2012년)

내용	1984~2006	2007	2008	2009	2010	2011	2012	총계
교육 횟수	48회	3회	3회	2회	3회	3회	2회	64회
수료 인원	938명	60명	60명	40명	60명	60명	29명	1,247명

출처: 중앙공무원교육원 박문규 담당 제공.

표 14 | 말레이시아 정부가 새마을중앙연수원에 보낸 공무원 연수생 현황(1982~98년)

년도	1982	1983	1984	1985	1986	1988	1990
연수생	20	62	72	42	18	2	32
년도	1992	1994	1996	1997	1998	총계	
연수생	2	12	2	2	2	268	

출처: 김수일(2000, 210).

중점적으로 교육받고 있다. 또한 말레이시아 정부는 중앙공무원교육원에 대한 교육과정에서 ① 한국이 강점을 가진 분야를 포함한 감성적·문화적 공감대 형성을 위한 문화 체험, ② 한국인의 강인한 정신력과 팀워크를 중시하는 문화 소개, ③ 한국의 국가 발전 전략 및 경험을 전수할 것을 특별히 요청해 교육에 반영토록 하고 있다. 〈표 13〉은 1980년대부터 현재 2012년까지 이곳에서 연수를 받은 말레이시아 공무원 통계이다.

현재까지 30여 년 동안 꾸준히 지속되고 있는 이 말레이시아 공무원 교육 훈련 과정은 말레이시아 정부의 요청으로 시작된 것이기는 하지만, 양국의 국가 발전 경험을 공유함으로써 공동 발전을 추구함과 동시에 교육을 통한 양국 공무원 교류 및 협력 관계 증진에 앞장섬으로써 한국-말레이시아 교육 교류 발전에 큰 역할을 하고 있다. 공무원 교육과 함께 마하티르 총리는 박정희 대통령이 강력하게 추진해 큰 성과를 이룬 새마을 운동에 특별한 관심을 갖고 있었다. 이에 따라 중견

표 15 | 말레이시아가 한국으로 보낸 유학생 및 정부 공무원 현황(1983~99년)

교육 분야	산업 기술 훈련 과정	간부 양성반	공과대학(4년제)	공과전문대(2년)	총계
학생 수	284	354	143	177	958

출처: 김수일(2000) 참조.

공무원들을 선발해 새마을중앙연수원에서 교육을 받도록 했는데, 1982년부터 1998년까지 교육을 받은 공무원 현황은 〈표 14〉와 같다.

위에서 언급된 공무원 교육을 포함하여 1983~99년 기간 중 말레이시아는 학생 및 공무원 선발 시 기술 양성, 관리직 간부 양성, 전문대학 그리고 4년제 대학 과정으로 구분하여 한국으로 보냈다. 이 기간 동안 한국에서 각기 다른 분야와 과정에서 교육받은 연수생 및 유학생 현황을 보면 〈표 15〉와 같다.

이외 적은 숫자이지만 청소년 교류도 이루어졌으며 앞서 언급된 공무원 연수생과 유학생 등을 합치면 대략 2천~2천5백여 명 이상이 정부 차원의 교육 교류를 통해 한국에서 교육받았다.[98]

앞에서 살펴보았듯이 1990년대 말까지는 한국과 말레이시아 교육 교류가 주로 정부 대 정부 차원으로 이루어졌음을 알 수 있다. 이런 추이는 2000년대에도 계속 되지만 점차 민간 차원 즉, 개인의 교육 목적

98_구체적인 통계 현황은 없으나 현대, 포항제철, 삼성 등의 한국 기업체 후원으로 교육 연수생들로서, 정부 관리와 유학생 숫자 또한 상당했을 것으로 추측된다. 일례로, 1983년 현대그룹은 41명의 말레이시아 공무원들을 초청해 9개월간 관리직 연수를 후원했는데, 이런 연수가 매년은 아니지만 어느 정도 정기적으로 이루어졌을 것이며 여타 대기업도 유사한 연수 후원을 했을 것으로 볼 때, 실제 한국에서 연수받은 말레이시아인들의 숫자는 더 많았을 것으로 보인다.

표 16 | 연도별 말레이시아 유학생 체류 현황(2007~11년)

년도	2007	2008	2009	2010	2011
유학생	356	376	441	513	546
한국어 연수	76	135	112	84	35
유학생 합계	432	511	553	597	581

으로 하는 교육 교류가 큰 비중을 차지하기 시작했다. 최근에 이르러 한국으로 유학으로 온 말레이시아 학생들이 증가해 5백~6백여 명이 각 한국의 대학교에서 공부하고 있다. 〈표 16〉은 2007년부터 2011년 12월 31일까지 각 연도별 말레이시아 유학생 체류 현황이다.

지난 5년간(2007~11) 유학생의 숫자는 매년 증가해 왔음을 알 수 있는데, 1년에 적게는 350명 많게는 550여 명이 전문대학 혹은 4년제 대학교에서 유학을 하고 있다. 총 유학생 합계의 숫자는 2011년이 전년인 2010년보다 줄어들었는데 이는 한국어 연수생의 감소에 따른 현상이다. 전반적으로 총 유학생 수에서 한국어를 목적으로 유학중인 연수생은 최소 6%에서 최대 27%를 차지하고 있다. 한국어 연수 기간이 일반적으로 반년에서 1년 미만의 단기임을 볼 때, 한국어 연수생까지 포함하는 유학생 합계는 앞으로도 지속적인 증감의 변화를 보일 것으로 보인다.

한국 정부 초청 혹은 말레이시아 정부 파견 연수생들의 현황은 〈도표 6〉과 같이 큰 편차를 보이고 있다. 2003년부터 2011년 사이에 연수의 목적으로 한국에 체류한 연수생은 2003년 69명에서 다음해인 2004년에 갑자기 4명으로 줄었다가 2005년에는 90명으로 급격히 늘어났다. 이후 2008년에 연수생 최대 숫자인 155명을 기록했다가 매년 줄어들어 2011년에는 49명만을 기록하고 있다.

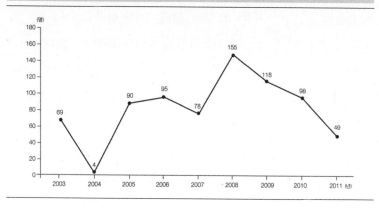

1980년대 기술 훈련을 목적으로 그리고 공과대학 과정을 이수하기 위해 다녔던 한국의 고등교육기관은 동양공전과 한양대학교 그리고 서울대학교였다. 2012년까지 대략 3,000여 명의 학생들이 공업 전문대학과 일반 대학교 그리고 연구소에서 교육을 받아왔으며 또 지금도 유학중에 있다. 말레이시아 유학생들은 위의 3개 대학을 포함해, 한국 과학기술원, 포항공과대학교, 연세대, 고려대, 경북대, 인하대, 울산대, 국민대, 서울폴리텍대학, 아주대, 경기개방대, 부산대 등 15~16개 고등교육기관에서 수학하고 있다.

말레이시아 유학생들은 한국 내에서 유학생회를 만들어 회원 간의 정보 교류는 물론 새로 한국에 유학 온 학생들에게 유학 생활에 대한 기본 정보를 제공하고 있다. 말레이시아 한국유학생회(Persatuan Pelajar Malaysia KoreaL PPMK, 혹은 Malaysian Students Association in Republic of Korea)는 1984년에 결성되어 현재도 활발히 상호 교류하고 있으며 자체적으로 체투산(CETUSAN)이라는 연간 회보도 발간하고 있다. 말레이시아 정부의 총무처(Jabatan Perkhidmatan Awam, JPA)는 이 유학생회에 활동비의 일부를 지원하고 있다. 말레이시아 한국유학생회가 한국 내에 결성되어 활동 중인 모임이라면 말레이시아 내에는 말레이시아 유학생들이 귀국 후 결성한 동문회인 아기코(한국 정부 말레이시아 장학생동문회, Alumni Graduan Institusi Korea, AGIKO)가 있다. 한국 정부 말레이시아 장학생 동문회는 2000년대 중반에 결성되었으며 말레이시아 동방정책에 의해 외국으로 파견, 유학 갔던 공무원 혹은 유학생의 모임인 알렙스(동방정책 동문회, Alumni Look East Policy Society, ALEPS)와 함께 말레이시아 정부와 한국 정부 간의 교량 역할을 물론 일반 민간 기업체에서의 활동을 두드러지게 하고 있다.

5. 맺는말

한국과 말레이시아 양국의 교육 교류사 또한 문화 교류사와 같이 1960년대, 1970년대, 1980년대부터 1990년대 후반 그리고 2000년대 이후로 구분된다. 이는 교육 교류의 질적인 혹은 양적인 구분에 의한 것으로서 정부 대 정부 간의 외교 관계에 크게 좌우되었다. 1960년대의 교육 교류는 아직 두 나라 모두 서로에 대해 잘 알지 못하는 상태였고 교육과정이나 언어적 문제로 인해 학교 편입이나 장기 유학은 실제적으로 어려웠기 때문에 단기 학생 교환 프로그램이 주를 이루었다. 또한 경제적 우위에 있던 말레이시아 정부가 주도적으로 한국 학생들을 말레이시아로 초청하거나 말레이시아 학생들을 한국으로 유학 보냈다. 1970년대는 말레이시아와 북한과의 수교로 인해 문화 교류보다 상대적으로 운영하기가 어려운 교육 교류는 상황이 악화되어 거의 없었던 것으로 나타났다.

이런 냉각기는 1980년대 마하티르 총리의 동방정책에 의해 양국 간의 관계가 해빙기를 맞게 되고, 이에 따라 교육 교류가 더욱 확산되기 시작했다. 1980년대 초부터 경제 위기가 발생하기 전인 1990년대 후반까지의 이 기간에는 문화 교류보다 오히려 교육 교류가 더욱 활발했다. 그러나 한국과 말레이시아 두 나라에서 교육 교류를 위해 상대국에게 파견하거나 보낸 정부 관리, 유학생 수를 비교할 때, 수적인 불균형을 보이고 있다. 교육 교류에 있어서의 상호 협력이라는 차원에서 두 나라가 적극적이었다는 점에는 의심에 여지가 없으나 말레이시아 학생들을 한국에 보내기 위해 자국 내에서 시행한 교육 활동이라든가 한국으로 보낸 관리, 학생 숫자에 비해, 한국 측에서 말레이시아로 보낼 학생들의 교육은 전혀 없었고 또 정부 유학생의 숫자가 극히 미미한 점에서 상호 균등의 교류는 아니었다고 평가된다. 한국 측에서 본다면 말레이시아가 보낸 정부 장학생 숫자와 교육정책 활동을 상쇄할 수는 없겠으나 말레이시아에 대한 교육과정이 20년 앞서 한국의 대학교에 개설되었다는 것은 그나마 위안을 삼을 수 있을 것이다.

한국에서 말레이시아로의 교육 교류는 말레이시아에서의 한국 유학처럼 1980년대에 이르러 본격적으로 시작되었으나 말레이시아보다는 조금 늦은 1980년대 후부터였다. 한국외국어대학교의 마·인어과 출신 유학생 혹은 교수들이 말라야대학교 그리고 말레이시아 국립대학교에 석, 박사과정에 등록을 하거나 한국어 강좌를 담당했다. 한국과 말레이시아가 대학 차원의 자매결연이 맺어진 것은 한국외대와 말라야대학교가 처음이었다. 이 기간 동안 한국에서 말레이시아로의 교육 교류는 이와 같이 대학교 혹은 대학원에 한정되었다. 이와 더불어 한국 정부는 1990년대부터 각 부처에서 공무원을 선발해 2년간의 연수를 보내기 시작했는데 이 연수 과정은 현재에도 지속되고 있다.

2000년대부터는 엄밀한 의미에서의 교육 교류가 정상화된 시대였다. 물론 수적 평가에서 이전의 시대가 한국으로의 말레이시아 유학생이 월등히 많은 시대, 이후의 시대는 말레이시아로의 한국 유학생이 5~6배 정도 상대적으로 많은 시대로 역으로 탈바꿈함으로써 불균형을 이루지만 정부, 민간 차원의 교육 교류가 균형을 이룬 시대라고 평할 수 있다. 특히 조기 영어 교육의 붐으로 인해 학생 수는 물론 교민 수도 급속히 증가한 현상은 당분간 지속될 것으로 전망되고 있다. 따라서 한국에서 유학하는 말레이시아 학생 수 5백~6백여 명 대비 말레이시아에서 유학하는 한국 학생 수 3천~4천여 명의 불균형 교류는 유지될 것으로 보인다. 그러나 과거에 비해 양국에서 유학하는 두 국가의 학생들과 정부 공무원들이 현격히 증가한 것은 국가 대 국가, 국민 대 국민 간의 상호 이해와 협력에 큰 초석이 될 것이다.

| 제5장 |

문화와 교육 교류에 있어서
한류의 역할

1. 들어가는 말

한국과 말레이시아 두 나라가 경제 위기를 벗어나는 2000년대에 공교
롭게도 말레이시아에 본격적인 한류의 바람이 분다. 또한 한류와 함께
양국 간의 문화와 교육 교류에 있어 대중화기가 시작되었다. 2000년
대 초 중국, 일본 그리고 주변 동남아 국가들에서 강하게 불던 한류의
열풍과는 달리 말레이시아에서는 잔잔히 부는 미풍에 지나지 않았다.
그러나 말레이시아의 한류는 조용히 그리고 점차적으로 말레이시아
전역에 그 영향을 끼치기 시작했다. 말레이시아 한류에 가장 큰 역할
을 한 것은 무엇보다도 한국 드라마였으며, 방송 매체를 통해 방영된
드라마들에 의해 한류의 시기적 구분 및 영향력의 변화 단계가 나뉘는
특성이 있다. 다음은 말레이시아 연예부 기자가 쓴 기사로 한류가 시

작되는 시점 및 말레이시아인들의 한국에 대한 인식 변화를 잘 나타내 준다.

인터뷰 때문에 한국 출장을 간다고 하자 내 여동생은 — 요즘 방송 중인 한국 드라마에 빠져 있는 — 잡아먹을 듯이 내 코밑에 얼굴을 들이대어 나를 어이 없게 만들었는데, 빤히 바라보는 여동생의 얼굴에다가 새 드라마인 '여름의 향기' 감독과 배우들 그리고 촬영 장소를 방문할 거라고 하자 거의 괴성의 목 소리로 소리쳐 하는 말 "언니가 얼마나 운이 좋은 줄 알아?" 쫓아 갈 수 없음을 잘 아는 내 동생은 배용준을 비롯한 한국 배우들 사진, 기념품 목록을 내 가슴 에 안겨 주었다. …… 내 상관의 부인도 — 물론 한국 드라마의 열렬한 팬인 — 장나라 음반을 사달라고 부탁한다. 나는 조용히 앉아 부탁받은 것들을 적 는데, 목록이 점점 늘어만 간다. 한국을 마지막으로 방문한 것이 1997년, 그 때는 한국을 방문한다고 해서 어느 누구도 관심조차 가져 준 사람이 없었는데 …… 상황이 완전히 바뀌어 버렸다. 말레이시아 텔레비전에서 넘쳐 나듯 방송 되는 한국 드라마 때문인 것 같다.[99]

한국 드라마가 처음 방송된 2000년대 초를 한류가 불기 시작한 이 시기를 문화와 교육 교류의 대중화기가 태동되는 시기로 구분할 수 있 다. 즉, 연이어서 절찬리에 방영되던 2편의 드라마를 통해 한국에 대한 인식이 말레이시아 대중에게 확산되었다. 2000년대 중반에 다른 소재 로 된 드라마가 선보이면서 말레이시아인들 사이에 한류의 열풍이 일

99_『뉴 선데이 타임스』(2003/08/24, p.28).

기 시작했는데, 이 시기를 대중화의 확산기로 구분 지을 수 있다. 초기에 드라마가 주로 기성세대들과 일부 신세대들 사이에 인기를 끌었다면 2000년대 후반부터는 K-팝(pop)에 의한 한류의 확산과 보편화를 이루는 시기로 볼 수 있다.

말레이시아의 한류는 위와 같이 단계적 변화를 겪으며 시대적 영향력을 달리하는데, 이런 변화는 한국과 말레이시아 간의 문화와 교육 교류에도 영향을 끼친다.

2. 문화 교류에 있어서 한류의 역할

2010년에 들어서 한국을 방문한 말레이시아인이 최초로 10만 명을 넘어선 11만 3,675명을 기록했으며, 2011년에는 이보다 증가한 13만 6,531명이 한국을 방문했다. 2001년 5만 5,848명이었던 한국 방문자가 한국 드라마와 영화가 말레이시아에 소개되기 시작한 2002년에는 급격히 증가하여 8만 2,720명을 기록했다. 이후 조류 독감, 경기침체, 신종 플루, 말레이시아 링깃과 원화 가치의 강세와 약세 및 환화의 가치 변동과 같은 저해 요인들이 있었음에도, 매년 8만 명 이상이 한국을 방문해 왔고 2010년 이후 2년 연속 10만 명을 넘어선 배경에는 한류의 역할과 영향이 컸다.

1990년대 말 중국 대중 매체를 통해 사용되기 시작한 '한류'는 현재 중국을 비롯한 홍콩, 대만, 일본, 동남아 여러 나라에서 젊은 세대들이 한국의 대중문화 즉, 음악, 드라마, 영화, 패션, 음식 등을 배우고 따

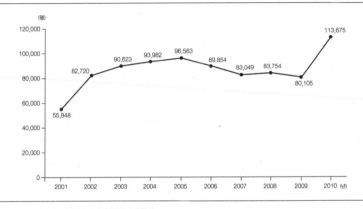

출처: 한국관광공사, 말레이시아 관광청(2010년 통계).

라 하려는 것으로 정의를 내린다. 만약 이러한 '한류'의 정의를 외국인에게 한국의 문화, 역사, 가치관 등을 알리고 또 이로써 한국 방문을 유도하는 문화적, 경제적 차원의 개념에서 바라본다면 말레이시아에서의 한류는 1980년 후반에 시작하여 1990년 중반까지 이미 존재했었다고 할 수 있다. 비록 스포츠에 국한된 것이기는 하지만 한국의 배드민턴을 통한 한류는 지금의 대중매체를 통한 한류와도 인기 면에서는 큰 차이가 없을 것이다. 말레이시아인이 가장 선호하는 대중 스포츠이자 국가 스포츠는 배드민턴인데, 비록 한국인들에게는 많이 알려지지 않았으나 남자 복식 세계 1위인 박주봉, 김문수 두 선수에 대한 말레이시아인들의 인기와 사랑은 한국인들 사이에서보다 더했다. 단지 두 명의 배드민턴 선수이기는 하지만 이들에 대한 경외감과 선망은 한국과 한국인에 대한 호감과 긍정적 선입관을 갖게 하는 데 큰 영향을 끼치기도 했다.

2000년대 초반에 들어오기 시작한 한국의 대중문화는 양국 간의 문화 교류의 패턴을 바꾸어 버렸다. 2000년 전까지 있어 왔던 일반적인 스포츠나 전통 공연의 교류가 간헐적이거나 일시적이었던 반면, 드라마, 영화 그리고 K-팝은 말레이시아에 예외 없이 '한류'를 일으켰다. 2003년 말레이시아 텔레비전 매체를 통해서 방송된 〈겨울연가〉(Winter Sonata)는 말레이시아 젊은 세대는 물론 기성세대 모두 방송 시간을 기다리게 만들었다. 드라마에 나오는 OST 음악과 노래는 라디오를 통해서도 방송되었고, 심지어는 말레이시아어로 번안되어 현지 가수가 음반을 내기도 했다. 이렇게 한국 드라마가 크게 시청자들의 반향을 불러일으키자 말레이시아 방송국들은 서로 한국 드라마를 소위 골드 타임 대에 맞추어 방송했고, 주말 저녁 시간에는 한국 영화를 보여 주기 시작했다. 2002년부터 2005년까지 말레이시아 국영 및 민영 텔레비전 방송국들 ─ TV2(21편), TV3(드라마 21편 영화 6편), NTV(드라마 12편, 영화 6편) 그리고 8TV(드라마 21편, 영화 8편)─이 경쟁적으로 한국 드라마와 영화를 방송했다. 한국 드라마 가운데 〈겨울연가〉, 〈가을동화〉, 〈대장금〉, 〈허준〉, 〈명랑소녀 성공기〉, 〈천국의 계단〉, 〈파리의 연인〉 등이 그리고 영화는 〈엽기적인 그녀〉, 〈쉬리〉, 〈태극기〉 등이 시청자의 호응에 따라 방송국들이 번갈아 방영을 하거나, 2~3차례 재방을 하는 경우도 많았다.

이와 같이 많은 드라마들이 방송되자 드라마나 영화에 나오는 상품들이 일반 상점에서 가장 잘 팔리는 상품으로도 각광 받기 시작했다. 드라마 배경으로 나오는 계절 즉, 겨울, 가을 등의 아름다움과 배경이 된 장소에 대한 동경심은 한국 방문으로 이어져 한국 관광산업에 일조했다. 그러나 특이한 점은 비록 한국 배우에 대한 동경과 한국에 대한 막연한 외경심으로 한국 방문의 첫걸음을 내딛게는 했으나, 한국 상품의 대량 구매로 연결되지는 않았으며, 말레이시아 내에서조차 한국 음식점이 많이 있음에도 한국 음식을 맛보기 위해 이들 음식점을 찾지는 않았다는 점이다. 이에 대한 것은 차후에 긴 시간을 두고 조사, 연구해 보면 말레이시아와 같은 이슬람 국가에서의 한국 상품 구매 및 음식 사업 활성화를 위해 도움이 될 것으로 본다.

〈겨울연가〉와 〈가을동화〉, 〈천국의 계단〉과 같은 드라마와 〈쉬리〉, 〈엽기적인 그녀〉 등의 한국 영화가 말레이시아에 '한류'를 도입했다면, 앞에서 언급한 〈대장금〉은 말레이시아 전역을 '한류'로 휩싸이게 한 것으로 평가된다. 이전의 드라마들이 남녀의 정적인 사랑 이야기를 주로 다룬 반면 〈대장금〉은 이런 사랑 이야기와 함께 목표를 향해 끊임없이 난관을 헤쳐 나가는 이야기 전개, 그리고 한국 전통 음식이 가진 건강학적 측면외에도 색감과 조화를 통한 미적인 측면들은 말레이시아인의 눈에 경외심을 가득 넘치게 했다. 따라서 〈대장금〉이 방송 횟수를 거듭할수록 한국 식당을 방문하는 말레이시아인들이 기하급수적으로 증가하게 되었다. 또한 교민을 상대로 연 슈퍼마켓에 말레이시아인 고객이 늘어나고 말레이시아 유명 백화점에 한국 코너를 개설하게 만들었다. 이와 더불어 한국 전통 의복인 '한복'이 일반인들에게 자연히 소개하게 되고 한국의 옛날 생활 방식 또한 말레이시아인들에게는 상식화되어 갔다.

앞서 언급한 한국 영화와 함께 말레이시아 극장가에 수입된 영화들로는 〈여우계단〉, 〈폰〉, 〈미녀는 괴로워〉 등이 있는데 초창기 많이 수입된 영화는 주로 공포 영화들이었다. 공포 영화의 선호는 특히 말레이계 말레이시아들에게서 두드러지는데, 다른 인종 즉, 중국계와 인도계 말레이시아인들에게는 취향의 차이로 크게 선호되지 못했다. 또한 한국 영화의 완성도에도 불구하고 한국이나 다른 나라들에서 흔히 보이는 영화표가 며칠간 연속 매진되는 것과 같은 현상은 나타나지 않았는데, 말레이시아인의 정서상 영화관의 훌륭한 음향과 커다란 스크린 시설 그리고 기다리는 미학을 즐기려는 것 보다는 비록 복사본이더라도[100] 집에서 편히 보려는 마음이 앞서기 때문으로 분석된다.

드라마, 영화 등 영상 매체가 기성세대 및 젊은 세대들에게 같이 공감을 느끼게 했다면 음악, 노래와 같은 K-팝은 주로 젊은 세대들에게 큰 영향을 끼쳤다. '동방신기', '수퍼주니어', '원더걸스', '소녀시대', '비'와 같은 한국 가수들은 비단 한국에서만 '아이돌'이 아니라 말레이시아 젊은 층에게 '한국 아이돌'이 되었다. 특히 영화와 드라마를 통해 가지고 있던 말레이시아인들의 한국에 대한 동경심과 열망을 밖으로 분출시키게 한 것은 K-팝을 통한 음악과 노래였다.

2010년은 한국-말레이시아 수교 50주년이 되던 해로 양 국가는 상호 간의 국빈 방문과 함께 1년 한 해 동안 다양한 문화 행사를 기획, 개최했다. 2009년 말레이시아 젊은 층들을 대상으로 한 비보이(B-boy) 대회(2009. 5.22~28)를 시작으로 R-16 예선전(2010.4.24) 그리고 2010년에는 '한류 콘테스트'(5.15)가 열렸는데,[101] 56개 팀의 2백여 명이 예선에 참가하고 본 경연을 1,200여 명이 관람하는 등 높은 인기를 끌었다.

100_2004년 기준으로 말레이시아는 중국, 홍콩과 함께 불법 DVD, VCD 시장 3위안에 들었으며, 불법DVD 수출 1위를 기록했다. 한국은 호주에 이어 5위였음. 『말레이 메일』 (2004/09/13, p.2).

101_한국관광공사에서 주관 개최.

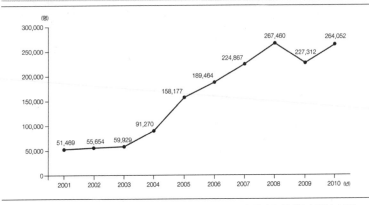

출처: 한국관광공사, 말레이시아 관광청(2010년 통계), 2004년부터는 말레이시아 관광청이 집계한 한국인 입국자 수치임.

이런 행사들은 한국의 대중문화를 말레이시아인들에게 알리는 좋은 기회가 되었다.

한류가 반드시 말레이시아인들에게만 영향을 준 것은 아니었다. 〈도표 8〉에 나타나듯이 2001년에 말레이시아로 방문한 한국인은 5만 1,469명으로 한국으로 방문한 말레이시아인보다 적었다. 2005년에 들어서면서 한국인 방문자는 3배 이상 늘었고, 이후부터는 말레이시아인 방문자보다 2~3배의 한국인이 말레이시아를 방문했다.

이런 현상은 2002~03년에 시작된 한류의 영향으로 말레이시아인들의 한국에 대한 동경심이 커졌고, 이는 말레이시아인들 사이에 한국과 한국인에 대한 긍정적 평가와 호감이 확산되어 표출되었으며, 이런 환대를 피부로 느낀 한국인들이 역으로 말레이시아를 방문하기 시작했기 때문이다. 한류가 말레이시아는 물론 한국에 끼친 가장 큰 영향이라면 무엇보다도 국민과 국민 간의 관심과 이해를 높여 줌과 동시에 양 국민의 대중문화, 역사, 사회, 문화 전반에 대한 지식을 넓혀 주었다는 데 그 의의가 있다.

3. 교육 교류에 있어서 한류의 역할

한류가 한국과 말레이시아 교육 교류에 끼친 역할은 크게 양 국가에서 공부하는 유학생의 수적 증가와 학생들이 배우는 교과과정의 다양화를 가져오게 했다는 점과 아울러 정부와 정부 그리고 민간 차원의 활발한 교육 교류를 유도했다는 점이다.

2000년 전까지의 교육 교류는 정부 차원의 교류가 주를 이루어 교환학생으로 보내지는 학생 수는 항상 일정했다. 물론 개인적으로 유학을 오는 경우도 있었으나 워낙 미미한 숫자이기 때문에 교육 교류에 있어 큰 비중을 차지하는 못 했다. 한류가 확산되면서 유학생의 숫자와 과정도 변화를 가져왔다. 말레이시아인의 유학 선호 국가는 주로 영국, 호주, 뉴질랜드 그리고 미국이었다. 한류를 통해서 '한번쯤 가보고 싶은 나라'에서 '공부하고 싶은 나라'로의 의식을 심어 주었고 개인 그리고 대학교 차원에서 유학과 자매결연을 맺게 유도했다. 말레이시아 국립대학교와 말라야대학교 학생 245명을 대상으로 한 설문조사에서 '한국에 대해 얼마나 알고 있는가?'라는 질문에 (1) 아주 잘 안다(0%), (2) 어느 정도 안다(47%), (3) 조금 안다(52%) 그리고 (4) 거의 모른다(1%)라고 대답을 했다. 한국에 대해 아주 잘 아는 학생은 없었으나 어느 정도 한국에 대한 지식이 있는 학생이 전체의 99%를 차지하

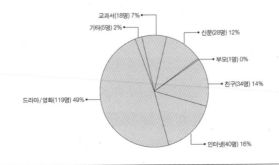

고 있는데, 이들의 한국에 대한 지식은 〈도표 9〉에서 보듯이 드라마와 영화(49%), 즉 한류를 주도한 영상 매체를 통해서였다.

이 학생들이 과연 얼마나 자주 드라마나 영화를 보는지에 대한 질문에 (1) 자주 본다(30%), (2) 가끔 본다(52%), (3) 조금 본다(18%), (4) 본적이 없다(0%)라고 대답함으로써 한국에 대한 지식의 원천이 드라마와 영화임을 증명해 주고 있다. 또 모든 학생이 드라마와 영화를 보는 편이며, 본적이 없는 학생이 하나도 없다는 점도 흥미로운 사실이다.

한류의 영향을 통해 한국에 대한 지식이 높아지고 한국으로의 유학을 희망하는 학생 수의 증가 그리고 말레이시아 대학교들과 한국 대학교들 간의 자매결연도 활발하게 되었다. 말레이시아의 경우 정부에 의해 보내지는 학생 수는 연간 30명에서 많게는 80여 명이었다. 2003년에 한국에 거주하고 있던 말레이시아 유학생 154명은 대부분 말레이시아가 경제 위기를 벗어나는 1998~2000년대에 보낸 학생들이다. 2004년에 접어들며 279명으로 숫자가 급격히 증가하는 것을 알 수 있

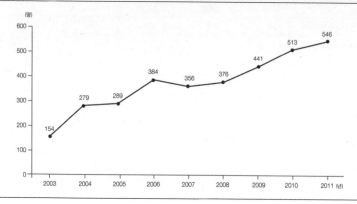

출처: 출입국 외국인 정책본부 www.immigration.go.kr 자료실의 '자주 찾는 통계' 참고.

는데, 2002~03년 이후 한류의 영향으로 말레이시아 학생들의 한국에 대한 인식이 높아지면서 자국 혹은 한국 정부가 시행하는 정부 장학생 프로그램을 통해 그리고 자비로 한국으로 유학을 갔기 때문이다.

한류의 교육 교류에 끼친 첫 번째 영향이 유학생의 증가이고 두 번째가 한국어 연수생의 증가라고 볼 수 있다. 말레이시아와 한국 정부에서 언어 연수를 위해 학생에게 제공하는 장학금 제도는 아직 없다. 한국어 연수의 기회가 주어지는 경우는 정부 장학생으로 선발되어 대학 혹은 대학원 입학 전에 받는 단기 언어 연수이므로 순수하게 한국어 연수의 목적으로 유학을 한다고 보기에는 어렵다. 그리고 자매결연한 한국 대학으로 연수를 오는 경우 또한 전공 학점 이수를 해야 하기에 한국어 연수라고도 보기 힘들다. 결국 드라마나 영화, 음악, 노래에 대한 열망으로 한국어 수학을 위해 온 유학생으로 판단할 수 있는데, 과거 이렇게 한국어만을 위한 연수가 없었다는 점에서 이 또한 한류의

표 17 | 연도별 말레이시아 유학생 체류 현황(2007~11년)

년도	2007	2008	2009	2010	2011
한국어 연수	76	135	112	84	35

출처: 출입국 외국인 정책 본부.

표 18 | 말레이시아 유학생 분야별 통계(2010~11년)

구분	전문학사	학사 유학	석사 유학	박사 유학	연구 유학	교환학생	한국어 연수	총계
2010	99	259	106	32	1	16	84	597
2011	101	286	101	36	1	21	35	581

출처: 출입국 외국인 정책 본부.

영향으로 간주할 수 있다. 〈표 17〉은 지난 5년간 한국어 연수를 위해 온 말레이시아 학생의 연도별 현황인데 비록 숫자는 많지 않으나 많게 는 전체 말레이시아 유학생의 27%를 차지하는 때도 있었다.

말레이시아에서 한국으로의 유학사 및 현황에서 제시한 연수생 현 황에서 알 수 있듯이 정부가 기술 훈련으로 파견하는 연수생의 숫자가 줄어드는 대신 말레이시아 정부, 특히 교육부를 통해 그리고 한국 정 부 장학생 프로그램을 통해 오는 학생 수가 늘어나게 되었다. 또한 이 전까지는 전문대학, 대학교에 개설된 공대 계통의 교과과정에서 한국 어 및 한국학, 정치, 경제 등을 전공으로 하는 유학생의 숫자도 증가하 기 시작했다. 이와 더불어 앞서 언급한 전공으로 석사 및 박사 학위 과 정에 있는 말레이시아 학생들도 꾸준히 늘고 있다.

한류가 끼친 세 번째 영향은 초, 중, 고등학교 간의 자매결연 및 학 생 교환 프로그램을 도입, 활발히 진행시켰다는 점이다. 사진에서 보 듯이 2008년 1월에 말레이시아 홈스테이 협회와 한국 교장협의회가

한국 학생들의 영어 체험 프로그램을 운영하기 위해 말레이시아 홈스테이 협회와 한국 교장협의회와 맺은 자매결연식

자매결연을 맺었는데, 이런 프로그램을 통해서 정부 혹은 대학 차원이
아닌 학교 차원의 교육 교류가 맺어지게 되어 보다 다양한 과정의 교
류가 시작되었다. 이런 프로그램을 통해 한국과 말레이시아 학생들이
교류를 하고, 이를 통해 습득한 문화와 경험은 개인에게는 물론 국가
에게도 큰 자산이다. 또한 이 학생들이 양 국가의 관계 증진에 교두보
역할을 하리라는 데에는 이론의 여지가 없을 것이다.

4. 한류에 대한 평가

탄탄한 극본, 긴장감 있는 이야기 전개, 선남선녀의 주인공, 그런 배우
들의 감동적인 연기, 아름다운 배경을 타고 흐르는 음악, 음향과 카메
라 기술을 극대화한 화면, 이렇게 만들어진 드라마와 영화는 과장스런
몸짓, 귀에 거슬리는 언어 표현, 어설픈 연기와 부족한 영상 기술에 식

상한 말레이시아인들에게 감동을 주기에 부족하지 않았다. 아쉬움 속에 다음 회 방영을 기다리는 감동들은 한류의 바람으로 승화된다. 말레이시아 방송사와 연예 기획사들이 한국의 제작 기술을 배움으로써 드라마 제작과 영화제작에 큰 발전을 가져온 것은 한류의 획기적인 영향이었다. 배우들 또한 자신들의 연기력을 반성하고 호들갑떠는 과장과 비명에 가까운 고함들이 줄어들었음은 말레이시아 시청자들에게 좋은 현상이다.

한류의 긍정적인 현상 가운데 또 다른 하나가 다인종, 다민족 국가인 말레이시아의 말레이계와 중국계인들 사이에 공통 관심사를 가져다 준 것이다. "하나의 말레이시아"(One Malaysia)를 부르짖는 말레이시아에 민감하지 않고 쉽게 그리고 같은 이야깃거리를 제공함으로써 서로 간에 거리감을 줄게 한 것은 한류의 공헌이라 할 수 있다. 그러나 중국어로 더빙되어 방송되는 한국 드라마나 영화를 처음 본 혹은 한국과 한국어를 전혀 모르는 말레이시아인들에게는 한국인도 중국어를 사용하는 것으로 오해받게 하는 부작용도 있다. 더욱이 화면 아래에 나오는 말레이어 자막은 중국어로부터 번역되어 많은 부분이 오역되어 나옴으로써 감상의 질을 떨어뜨리기 일쑤다. 따라서 한국이 한류 혹은 한국 드라마, 영화를 외국에 공급하고자 한다면 가급적 원작자가 번역가와 같이 작업을 하는 것이 바람직할 것이다.

한류의 교육적 영향으로서 한류가 국민 간의 이해와 지식에 큰 도움을 준 것은 가장 큰 업적으로 볼 수 있다. 그러나 말레이시아인들이 한국 드라마와 영화를 접하는 시간과 편수가 증가하면 증가할수록 한국인들 역시 한국에 대한 깊이 있는 상식과 지식을 갖추는 것이 절실하다. 한류의 영향으로 말레이시아인들의 한국에 대한 지식이 넓어질

수록 이들과 마주하는 한국인은 성실하고 진지한 대답을 해 줄 의무가 있기 때문이다. 한류가 한국인에게 이런 번거로움을 준다면 그것은 부정적 영향이겠지만 긍정적인 생각으로 대처할 자세가 필요하다.

이와 병행해 한국과 한국인에 대한 호감과 긍정적 선입관을 가져온 한류는 한국 문화와 사고관 및 한국인의 삶을 외국인이 이해하는 데 도움을 주는 도구라는 인식이 필요하다. 말레이시아인을 포함한 외국인이 한국 드라마와 영화, 음악, 노래 등에 매료되어 있다 하더라도, 한류로 인해 다른 국가의 문화보다 뛰어나다는 국수주의적 우월 의식을 갖게 된다면 오히려 역효과를 맞게 될 것이다. 2005년 한-아세안 15주년 기념행사에서 한국의 아이돌 그룹이 아무런 이유 없이 공연을 취소해 버린 일이 있었는데, 이런 사례는 번져 가는 한류의 열기에 찬물을 끼얹는 불행한 결과를 가져올 것이기에 한류의 주체로서 책임 의식도 반드시 필요하다.

한류의 바람직한 영향으로서 한국 문화가 말레이시아 사회에 대중화되기 시작했다. 그러나 더욱 이상적인 것은 상호 교류라는 대승적 차원에서 한쪽의 문화만이 전달되는 일방적인 교류가 아니라 쌍방의 교차적 교육 및 문화 교류를 가져오는 것이다. 또 그래야만 한국과 말레이시아 간의 진정한 상호 교류가 실현될 것이다.

| 제6장 |

결론

1960년 수교 후 54년 동안 발전해 온 한국과 말레이시아의 내, 외적인 역동성은 양 국가의 사회·문화 교류에 다양한 영향을 끼쳐 왔다. 1960 년대 양국 지도자들의 지속적인 상호 방문은 양국 관계의 발전뿐만 아니라 문화와 교육 교류의 초석이 되었다. 이런 상호·우호적인 관계는 꾸준히 지속해 오다가 말레이시아가 1973년 북한과 외교 수교를 맺으면서 냉각기를 겪게 된다. 이런 관계는 1979년 후세인 온 총리의 방한으로 호전되기 시작했다. 그리고 1982년 마하티르 총리가 한국을 말레이시아 장기적 발전 모델로 삼는 '동방정책'을 실시함에 따라 두 국가는 더욱 밀접하게 되었다. 비록 한국 정부와 말레이시아 정부기 밀접하고 우호적인 관계를 유지하고 있었지만, 두 정부 차원의 노력으로만 이룩된 것은 아니었다. 국민과 국민 간의 관계 또한 양국 관계의 유지와 강화를 견고히 하는 데 있어 매우 결정적인 역할을 했다

1980년대 들어서면서 한국과 말레이시아는 사회, 문화 그리고 교

육 협력에서 더욱 밀접한 관계를 구가하기 시작했다. 말레이시아 정부는 1982년 동방정책의 시행 이래 2012년 현재까지 2천~3천여 명의 학생들을 산업 및 기술 훈련의 목적으로 한국으로 보냈다. 한국에 온 말레이시아 유학생들은 한국 정부의 협력으로 산업 기술 및 중간급 관리자 훈련 과정과 같은 다양한 분야에서 기술 과정을 훈련받았다. 1990년대부터는 학술진흥재단과 한국국제교류재단은 말레이시아로의 한국 파견 교수 지원을 통해 그리고 말레이시아 학생, 연구원들에게 석사 학위, 연구 프로젝트, 박사 연구 장학금 지원을 통해 한국학 발전에 일조를 했다. 그러나 이와 같은 노력에도 한국에서 유학하려는 말레이시아인들이 직면한 세 가지 걸림돌이 있는데, 그것은 비싼 교육비, 언어 장벽 그리고 연구원들을 위한 단기 연구 지원의 부족이다. 따라서 앞으로 이런 문제점들을 해결할 방안을 강구하는 것이 장차 장기적 교육 교류의 발전을 위해 고려되어야 할 것이다.

이에 덧붙여 한국과 말레이시아 간의 교육 협력을 강화하기 위해서는 좀 더 장기적이고 적극적인 계획 수립이 필요하다. 이러한 계획의 일환으로 2012년 7월 마하티르 전 총리가 제안한 바 있듯이 '말레이시아에 한국 정부가 한국식의 대학교를 설립하는 방안'도 귀 기울여 볼 만한 사항이다. 이와 더불어 2008년 4월 한국외국어대학교에 말레이학 교수직을 만든 것은 이런 계획의 초석이 될 수 있다. 말레이시아 사회에 한국 문화와 교육 교류가 확산되기 위해서는 말레이시아 대학교들에 한국학 교수직 설치와 한국어 프로그램의 확충 또한 고려되어야 한다. 이와 함께 한국과 말레이시아는 대학생은 물론 중·고등학생들 간의 교육 및 문화 교류를 현실화시킬 수 있는 프로그램과 지원 방안을 조속한 시일 내에 논의해 수립해야 할 것이다.

통계에 따르면 말레이시아는 한국 학생들이 영어 교육을 위해 필리핀, 싱가포르 다음으로 선호되는 국가이다. 현재 3천~4천여 명의 한국 학생들이 말레이시아의 외국계 국제 학교, 현지 국제 학교 및 여러 교육기관에서 교육을 받고 있다. 말레이시아는 주변 국가들에 비해 교육비용은 물론 교육의 질적인 면에 있어 그리고 안전하고 좋은 주변 환경 등에서 많은 장점을 가지고 있다. 더욱이 말레이시아는 다인종, 다언어 사회라는 특성상, 영어는 물론 중국어 및 다른 언어를 배우고 학습하는 데 아주 적합한 환경을 제공하고 있다.

한국 드라마와 영화가 가져온 한류의 영향은 이제 말레이시아인들에게는 없어서는 안 될 대중문화로서 정착되었다. 이런 현상은 한국 드라마와 한국 관련 프로그램이 편성된 황금 시간대와 방영 시간에서 쉽게 알 수 있는데, 정부 방송사인 라디오·텔레비전 말레이시아(Radio Television Malaysia: RTM)는 사기업 채널에 7시간, 국영방송에 1시간의 편성 시간을 한국 드라마와 영화를 방송할 수 있도록 허가하고 있다. 다른 일례로 케이블 텔레비전 방송사인 ASTRO는 KBS월드를 무료로 시청자들에게 방송하고 있다. 일본 방송인 NHK의 경우 시청료를 지불해야 하고 일부 한정된 시청자만 보는 것과 대조를 보이고 있다.

현재 말레이시아에 거주하는 한국 교민 수는 1만 5천여 명으로 최근 몇 년 사이에 급속한 증가 추세에 있으며 특히 조기 영어 교육을 위해 이주한 한국 가족들의 증가가 큰 몫을 차지하고 있다. 한국과 말레이시아 간의 문화 및 교육 교류에 있어 앞으로 이런 한국 교민들의 참여도 필요하다. 일반적으로 정부가 해오던 문화 행사를 한국 교민들이 앞장서서 한다면 말레이시아인들에 대한 그 파급효과나 실효성에 있어 더욱 클 것으로 판단되기 때문이다.

참고문헌

김금현. 1998. "말레이시아의 호칭체계." 양승윤 외.『비전 2020을 지향하는
　　　동방정책의 나라 말레이시아』. 서울: 한국외국어대학교 출판부.

김수일. 2001. 한-말레이시아 관계론. 부산: 부산외국어대학교 출판부.

류승완. 2001.『동남아의 이슬람』. 양승윤 외. 서울: 한국외국어대학교 출판부.

_____. 2007. "말레이시아의 한국학 현황." 한국국제교류재단 엮음.
　　　『해외한국학백서』. 을유문화사.

류승완·김금현. 2001. "말레이시아의 한국어와 한국학 프로그램." 이중언어학회
　　　국제학술대회 발표논문.

_____. 2002. "말레이시아에서의 한국어 교육." 1st Korean Studies Workshop in
　　　Southeast Asia: Cooperation and Development in Research and
　　　Education. KAREC 국제학술대회 발표논문.

_____. 2005. 말레이시아의 한국어 교육, 국제한국어교육학회 창립 20주년 기념
　　　"한국어교육의 역사와 전망." 275-299쪽.

이경찬. 1998. "동방정책." 양승윤 외.『비전 2020을 지향하는 동방정책의 나라
　　　말레이시아』. 서울: 한국외국어대학교 출판부.

Kim Keum Hyun. 2011. Hubungan Sosiobudaya Malaysia-Korea Selatan:
　　　Perkembangan dan Hala Tuju. Seoul: Hankuk University of Foreign
　　　Studies Press.

Mahathir Bin Mohamad. 1970. The Malay Deilemma. Singapore: Asia Pacific
　　　Press.

Rou Seung Yoan. 2010. Role and Importance of Korean Cultural Education
　　　in Korean Language Education: A case study of Malaysian
　　　universities. Journal of The International Network for Korean
　　　Language and Culture. Vol.7. No.1. The International Network for
　　　Korean Language and Culture. Seoul.

비즈니스 타임즈(Business Times)
말레이시아 국립문서보관소(National Archives of Malaysia)
뉴 선데이 타임즈(New Sunday Times)
스트레이트 타임즈(Strait Times)
말레이 메일(The Malay Mail)
우뚜산 말레이시아(Utusan Malaysia)
경향신문
카톨릭 대사전
코리안 프레스(Korean Press Malaysia)
한국 국가기록원
한나 프레스(Hannah Press)

● 이 책에 쓰인 사진의 출처

14쪽, 『뉴 스트레이트 타임스』(*New Straight Times*)
19쪽, 말레이시아 국립문서보관소
25쪽, 주말레이시아 한국대사관
29쪽, 주말레이시아 한국대사관
30쪽, 주말레이시아 한국대사관
37쪽, 『뉴 스트레이트 타임스』
45쪽, 주말레이시아 한국대사관
57쪽, 한국 이슬람 중앙성원
68쪽, 주말레이시아 한국대사관
78쪽, 말레이시아 국립문서보관소
98쪽, 류승완
101쪽, 『한나 프레스』, 『코리안 프레스』
121쪽, 주말레이시아 한국대사관